L'ÉCOLOGIE EN VILLE

25 LEÇONS D'ÉCOLOGIE DE TERRAIN

Les droits d'auteur de cet ouvrage seront versés à *Conservation de la Nature*, un organisme actif depuis plus de 40 ans dans la conservation à perpétuité d'aires naturelles présentant une importance pour la diversité biologique.

Pour la sauvegarde du patrimoine naturel québécois

Direction éditoriale : Alain-Nicolas Renaud
Direction artistique : Gianni Caccia
Direction de la production : Carole Ouimet
Mise en pages et infographie : Bruno Lamoureux

Catalogage avant publication de Bibliothèque et Archives Canada

Vedette principale au titre :

L'écologie en ville : 25 leçons d'écologie de terrain

ISBN-13 : 978-2-7621-2693-8
ISBN-10 : 2-7621-2693-2

1. Écologie urbaine - Ouvrages de vulgarisation. 2. Écologie - Ouvrages de vulgarisation. I. Messier, Christian, 1961- . II. Giraldeau, Luc-Alain, 1955- . III. Beisner, Beatrix Elisabeth, 1969- .

QH541.5.C6E26 2006   577.5'6   C2006-940686-3

Dépôt légal : 2ᵉ trimestre 2006
Bibliothèque et Archives nationales du Québec
© Éditions Fides, 2006

Les Éditions Fides remercient de leur soutien financier le ministère du Patrimoine canadien, le Conseil des Arts du Canada et la Société de développement des entreprises culturelles du Québec (SODEC). Les Éditions Fides bénéficient du Programme de crédit d'impôt pour l'édition de livres du Gouvernement du Québec, géré par la SODEC.

IMPRIMÉ AU CANADA EN JUIN 2006

SOUS LA DIRECTION DE
Christian Messier · Luc-Alain Giraldeau · Beatrix Beisner

L'écologie en ville

25 LEÇONS D'ÉCOLOGIE DE TERRAIN

Illustrations de Philippe Beha

FIDES

Qu'est-ce que l'écologie ?

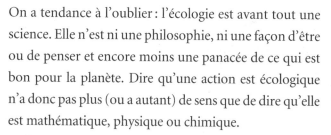

« Les espèces qui survivent
ne sont pas les espèces les plus
fortes, ni les plus intelligentes,
mais celles qui s'adaptent
le mieux aux changements. »

CHARLES DARWIN
(1809-1882)

5

On a tendance à l'oublier : l'écologie est avant tout une science. Elle n'est ni une philosophie, ni une façon d'être ou de penser et encore moins une panacée de ce qui est bon pour la planète. Dire qu'une action est écologique n'a donc pas plus (ou a autant) de sens que de dire qu'elle est mathématique, physique ou chimique.

Après un peu plus d'un siècle d'existence, l'écologie est une jeune discipline qui se concentre sur les interactions entre les êtres vivants et les environnements dans lesquels on les trouve. C'est l'Allemand Ernst Haeckel, un zoologiste lecteur de Darwin, qui en invente le nom en 1884, à partir des racines grecques *Oikos*, « la maison », et *Logos*, « l'étude ».

En prenant de l'âge, l'écologie a fait des petits : l'éco-physiologie, l'écologie comportementale, l'écologie des populations, des communautés, des écosystèmes et du paysage, l'écologie arctique, boréale ou tropicale, la limnologie, l'écologie marine ou forestière, et bien d'autres, sont autant de sous-disciplines qui sont venues s'y greffer.

En étudiant les relations entre les organismes et leurs environnements, l'écologie nous a permis de voir l'impact que l'humain peut avoir sur la Nature. Elle nous a fait réaliser que nous ne vivions pas en vase clos, et qu'une action ponctuelle et localisée aura nécessairement des répercussions à plusieurs échelles spatiales et temporelles. Cette contribution n'est qu'à ses débuts, mais elle a le potentiel d'avoir un impact considérable sur nos sociétés et leurs façons d'aborder les problèmes que posent l'urbanisation, l'augmentation de la population humaine et la globalisation. C'est cet apport de connaissance qui explique l'erreur commune qui fait confondre écologie et environnementalisme.

L'écologie, en fournissant un cadre scientifique, peut nous aider à prévoir les conséquences biologiques de nos choix politiques ou économiques. Nous comprenons mieux les perturbations qu'auront l'assèchement d'un marais, la coupe d'un bout de forêt plusieurs fois centenaire, l'introduction de nouvelles espèces, le déversement de nos déchets dans un fleuve ou la construction d'une nouvelle route. À nous de décider si nous trouvons acceptables les effets anticipés d'un projet.

Les écologistes qui ont écrit ce livre avec nous ont voulu faire mieux connaître leur discipline en utilisant le terrain assez inhabituel de la ville, considérée à tort comme un environnement libre des lois de la nature. Une façon de montrer que tout, partout, a un aspect «écologique», et qu'en un mot, on n'échappe pas à la nature!

Christian Messier,
Luc-Alain Giraldeau
et Beatrix Beisner
professeurs d'écologie au département
des sciences biologiques de l'UQAM

PARTIE I

Maisons et jardins

Ma pomme, c'est moi !

La notion de déchet, de résidu inutilisable, ne s'applique pas à l'écologie. Les matériaux qui sont essentiels à la vie passent d'un être vivant à l'autre dans le temps et dans l'espace, comme autant de relais dans une course sans fin. La mort n'est qu'un état transitoire de la matière organique. Prenons ce cœur de pomme abandonné dans votre jardin et observons les grands travaux qui seront nécessaires à sa réincarnation.

Les matériaux que nous rejetons se désintègrent lentement en leurs **composantes organiques** (celles qui contiennent du carbone et de l'hydrogène) et **inorganiques** (les autres, qui contiendront par exemple de l'azote, du phosphore ou du fer). Les produits de cette désintégration sont des nutriments qui serviront aux **organismes producteurs** du règne végétal.

La conversion de matériaux complexes (comme un trognon de pomme) en formes plus simples, qui peuvent ainsi retourner dans la chaîne alimentaire, s'appelle la décomposition. Cette opération est l'œuvre d'innombrables contractants, les **décomposeurs**, présents dans l'environnement. Dans un monde sans décomposeurs, chaque plante ou animal mort s'accumulerait sans fin dans l'environnement, séquestrant toujours plus de la matière première indispensable à l'existence et la croissance des organismes vivants.

La décomposition de la matière organique débute dès que celle-ci perd sa capacité à se protéger contre les attaques des décomposeurs. Cela se produit généralement à la mort d'un être vivant ou d'une de ses parties. C'est exactement ce qui arrive à votre cœur de pomme.

Rapidement, les décomposeurs **macroscopiques**, des invertébrés tels que les mille-pattes, les larves de mouches et les vers de terre découperont le cœur de pomme en plus petites parties. Quelques organismes plus petits, comme les protozoaires et les nématodes, se mettront alors à l'œuvre dans cette matière partiellement décomposée, les « déchets » laissés par les décomposeurs macroscopiques.

Ces organismes utilisent une partie des nutriments contenus dans votre cœur de pomme pour alimenter leur activité métabolique. Ce faisant, ils produisent à leur tour du dioxyde de carbone (CO_2), et des excréments qui sont rapidement colonisés par les décomposeurs microscopiques, bactéries et champignons qui achèveront le travail de déconstruction pour produire au bout du compte l'**humus**, si utile aux plantes de votre jardin.

Mais même à cette étape, les décomposeurs n'en ont pas fini avec votre cœur de pomme. Il reste encore des protéines, des sucres, de la cellulose et de la lignine, de grandes molécules complexes qui contiennent les **nutriments** dont les producteurs ont besoin pour leur propre métabolisme. C'est encore une fois aux bactéries et aux champignons que revient la tâche de briser ces molécules complexes afin de libérer des molécules plus simples.

Ainsi, les protéines trouvées dans les plantes et les animaux morts sont composées d'acides aminés, riches en azote (N). Pour les simplifier et libérer cet azote qui réside dans l'humus dans un état encore « indigeste » pour les plantes, les décomposeurs convertissent les protéines en molécules plus petites : urée, puis ammoniaque (NH_4+) et nitrites (NO_2), et enfin nitrates (NO_3). Bien que l'azote se trouve abondamment dans l'air que nous respirons (il en contient 78 %), la plupart des producteurs ne peuvent l'absorber qu'en l'extrayant du sol. Les décomposeurs jouent donc un rôle essentiel puisqu'en dégradant les protéines, ils permettent le recyclage de l'azote qu'elles contiennent, c'est-à-dire sa réutilisation par les producteurs pour fabriquer de nouvelles protéines.

Votre cœur de pomme s'est finalement désintégré. Il s'est transmué en éléments microscopiques que sont le CO_2 et les nutriments inorganiques comme l'azote. Il est donc prêt pour la prochaine étape de sa transformation.

Phase II : la reconstruction

L'élément le plus fondamental, la base de l'édifice que constitue tout être vivant est le carbone. Dans les plantes, on le trouve principalement sous forme de cellulose et de lignine, les composés du bois, de la pulpe et de l'écorce, tandis que chez l'animal, il constitue la plus grande part des tissus et des graisses.

Tout organisme vivant doit donc obtenir du carbone pour assurer sa croissance, son maintien et sa reproduction. Cette nourriture provient soit du carbone gazeux que la plante fixe par photosynthèse, soit de la matière organique consommée par les autres organismes incapables de photosynthèse. La matière organique consommée est convertie en énergie par un processus que l'on appelle **respiration**.

C'est ici que se joue la phase finale de la transformation de votre cœur de pomme. Éparpillé en de minuscules molécules de CO_2 et en nutriments, il peut enfin être assimilé par les plantes de votre jardin. Si vous avez eu la bonne idée de le composter et d'en nourrir votre potager, une partie de son héritage atomique prendra forme humaine lorsque vous en consommerez les magnifiques tomates, concombres et autres légumes préférés.

Le nombre d'atomes sur terre est resté à peu près le même depuis sa formation. Certains de ceux qui vous composent ont sans aucun doute appartenu aux dinosaures du jurassique, tout comme quelques autres ont pu séjourner dans le corps de Platon ou de Mozart (mais aussi dans celui de leur voisin de palier, ne nous emportons pas). *Alice Parkes*

Quelques définitions

Organique	Toute molécule qui contient au moins du carbone et de l'hydrogène.
Inorganique	Toute autre molécule.
Décomposeurs	Consommateurs qui réduisent la matière organique complexe en molécules simples tout en consommant de l'oxygène et en produisant du gaz carbonique (insectes, bactéries, champignons...).
Nutriments	Les éléments indispensables à la vie (N, P, K, Ca, Mg, S, Si, Cl, Fe, Bo, Mn, Na, Zn, Cu, Ni, Mo).
Organismes producteurs	Organismes qui croissent en utilisant simplement l'énergie solaire, de l'eau, du gaz carbonique et des nutriments (arbres, plantes aquatiques, algues...).
Macroscopique	Visible à l'œil nu (> 0,5 mm).
Humus	Matière organique décomposée.
Respiration	L'oxydation de la matière organique, qui libère du gaz carbonique et de la chaleur.

L'arbre comme un aqueduc

Il est midi, par une belle journée ensoleillée de juillet. Le thermomètre indique 32°C, et pas une goutte d'eau n'est tombée depuis plusieurs semaines. Des halos de chaleur tremblotent au-dessus des voitures stationnées et votre gazon vire décidément au jaune. Pourtant, devant votre maison, un magnifique érable ne semble pas souffrir de la chaleur. D'ailleurs, à bien y regarder, tous les arbres de la rue ont l'air de l'ignorer totalement, leur feuillage conservant un vert insolent.

Pourtant, tout organisme vivant a besoin d'eau pour vivre, et les arbres sont loin d'y échapper. Quel est donc leur secret avantage sur le gazon? Quelles adaptations, développées au fil de leur évolution, leur ont permis de coloniser tous les recoins du monde, des déserts arides aux montagnes les plus ingrates, mais aussi des marécages boueux aux bords de lac détrempés? Car il en va de l'eau comme de tout : il n'en faut pas trop... Le mouvement de l'eau dans les arbres, voilà l'énigme qui a fait sécher les chercheurs pendant des années.

Sans eau, il n'y aurait pas de vie sur terre, ou du moins, pas celle que nous connaissons. Chose certaine, il n'y aurait pas d'arbres. Pour vivre et se développer, ceux-ci utilisent des mécanismes physiologiques complexes comme la germination, la photosynthèse, la croissance ou encore l'absorption des éléments minéraux du sol, mécanismes qui ont tous en commun d'exiger de grandes quantités d'eau. En période estivale, le gros érable devant votre maison doit transporter jusqu'à 200 litres d'eau par heure de ses racines à ses feuilles.

Car si les arbres parviennent à tirer toute cette eau du sol, un autre défi se présente immédiatement à eux. Ils doivent pomper à des hauteurs impressionnantes, voire improbables (près de 150 mètres pour les eucalyptus, en Australie), cette ressource essentielle au fonctionnement des feuilles.

Tuyauterie modulable

L'arbre est en fait un réseau complexe d'aqueducs naturels, assez comparable à ceux de nos villes. Tout comme le font les services municipaux, les arbres doivent constamment s'adapter à la demande d'eau des consommateurs exigeants que sont les feuilles.

Les arbres puisent l'eau dans le sol par leurs plus petites racines, aussi appelées **radicelles**. Mais une grosse partie du travail est accompli par de petits champignons, les **mycorhizes**, qui colonisent les radicelles. Ils sont indispensables à la survie de la plupart des arbres : l'absorption de l'eau et des éléments nutritifs est grandement facilitée par les minuscules filaments des champignons, les **hyphes**, qui explorent et exploitent un grand volume de sol en restant reliés aux racines des arbres. Dans la nature, le volume qu'occupent racines, radicelles et mycorhizes équivaut à celui de l'ensemble des feuilles ! Voilà qui confère un avantage certain aux arbres sur le gazon, dont les racines sont confinées aux 10 premiers centimètres de sol.

Une fois dans les racines, l'eau continue son parcours par de petits vaisseaux que l'on trouve dans le **bois d'aubier**. L'aubier se trouve directement sous l'écorce, dans les premiers 5 à 15 cm du tronc. Véritable éponge, c'est le tissu vivant qui achemine l'eau vers les feuilles, alors que le bois de cœur, ou **duramen**, est la partie morte du tronc, qui ne sert plus qu'à soutenir l'arbre. Une fois arrivé dans la cime de l'arbre, l'aubier se divise entre les multiples branches et rameaux afin d'aller irriguer les feuilles, et donc de permettre à tous les consommateurs, même aux plus éloignés, de recevoir sa juste ration.

La pompe secrète

Maintenant que nous connaissons mieux le chemin emprunté par l'eau, nous pouvons nous intéresser à ce qui la fait voyager. Un temps, les chercheurs ont pensé que l'eau absorbée par les racines était poussée par celles-ci jusqu'aux feuilles. Mais on s'est vite aperçu que si ce phénomène est bien réel (on l'appelle «poussée racinaire»), il ne pouvait à lui seul acheminer l'eau qu'à une hauteur de trois mètres... nettement insuffisant pour atteindre le sommet de la plupart des arbres. Pour comprendre l'opération, il a fallu s'intéresser à ce qui se passait dans les feuilles.

19

Les feuilles transpirent. Beaucoup. Le feuillage d'un seul arbre rend assez d'eau en une journée pour remplir au moins dix baignoires, et ce, sans aucune dépense d'**énergie métabolique**. Ce tour de force repose sur la différence de pression entre l'intérieur des **stomates**, ces pores situés sous les feuilles, et l'extérieur de la feuille, autrement dit l'atmosphère. Pendant la journée, la feuille dissipe la chaleur qu'elle reçoit en évaporant l'eau contenue entre ses cellules. La vapeur d'eau sous pression ne demande qu'à sortir et en profite lorsque la feuille ouvre ses stomates pour capter le gaz carbonique (CO_2) dont elle a besoin pour la photosynthèse. Ce transfert d'eau de la feuille vers l'atmosphère, l'**évapotranspiration**, crée une perte pour le feuillage. Pour la compenser, les feuilles aspirent l'eau renfermée dans le tronc, qui aspire à son tour celle des racines et, donc, celle que contenait le sol.

Il existe des situations où la demande dépasse la capacité du système à fournir l'eau nécessaire. L'heure est alors au rationnement. En cas de sécheresse, on demande aux citadins de ne pas arroser leur pelouse, de ne pas laver leur voiture ou même de limiter le temps passé sous la douche. Pour un arbre, le rationnement se fait par les feuilles, qui ferment partiellement ou totalement leurs stomates. Cette économie d'eau a un coût, puisqu'elle diminue l'activité de photosynthèse, qui a besoin du CO_2 atmosphérique. Si la carence en eau est trop importante ou trop longue, l'arbre inévitablement perdra de sa vigueur. On voit alors souvent quelques branches mortes dans la cime de l'arbre.

C'est le paradoxe de l'eau et du carbone chez la plante. Pour capter le carbone nécessaire à leur survie, les plantes doivent ouvrir leurs stomates. Mais plus ils ouvrent leurs stomates, plus ils perdent de l'eau. Ce principe est vrai pour toutes les plantes, sauf les cactus, qui ont développé un mécanisme qui leur permet de capter leur carbone dans la fraîcheur de la nuit et donc de minimiser les pertes en eau le jour. Mais c'est là une autre histoire…

Économe comme un chêne ?

Il existe chez les arbres des gaspilleurs et des économes. Les premiers s'installeront toujours là où les ressources en eau sont abondantes, car ils ne performeront que très mal là où elles se font plus rares. Ces gaspilleurs sylvestres, comme le saule, l'érable argenté ou le frêne noir, se trouvent souvent le long des cours d'eau ou dans les milieux inondables. Dans ces zones, ils domineront rapidement les autres espèces, mais gare à la sécheresse prolongée !

À l'inverse, les économes, parmi lesquels on trouve les pins et les chênes, ressemblent à ces villes du Moyen-Orient qui ont poussé presque en plein désert. Ils contrôlent très bien l'ouverture de leurs stomates pour minimiser la perte d'eau par les feuilles. Leur système racinaire est bien développé, efficace et profond, ce qui leur permet d'aller chercher l'eau là où elle se trouve. Leur croissance est plutôt lente, mais ces arbres peuvent survivre avec très peu d'eau. On les trouve souvent sur des caps rocheux, milieu qu'ils dominent calmement, presque sans compétition.

Dans les régions où la disponibilité en eau est entre-coupée de périodes de sécheresse, l'une des stratégies sera de perdre ses feuilles pour réduire la demande. Une autre possibilité sera d'augmenter la production racinaire pour augmenter l'offre quand la demande s'accroît.

*Christian Messier, Sylvain Delagrange
et Frank Berninger*

Écophysiologie des arbres

Pour mieux comprendre comment les arbres se sont adaptés à leur milieu et ont pu coloniser une telle diversité de milieux, les chercheurs ont dû combiner deux champs de pratique scientifique : la physiologie et l'écologie. La physiologie fournit les bases nécessaires à la compréhension des mécanismes qui se produisent à petite échelle, comme celle de la feuille. L'écologie permet, elle, d'expliquer comment ces différents mécanismes permettent à une espèce de mieux se comporter dans tel ou tel habitat.

Fruit de ces deux approches, l'écophysiologie est une science jeune qui utilise entre autres l'outil informatique. Grâce à la quantité grandissante d'informations connues sur la physiologie des arbres, les chercheurs développent des modèles de plus en plus précis qui permettent même de reproduire la croissance d'un arbre virtuel dans des conditions environnementales variées. On peut ainsi faire pousser un arbre ayant les feuilles d'un gaspilleur d'eau comme le frêne, mais la structure et la forme d'un économe comme le chêne. Tout cela permet de mieux comprendre comment ces différents mécanismes et structures agissent pour assurer la survie des arbres.

Le lion du gazon

Vous savourez un moment de calme : les voisins ont troqué leur tondeuse pour le silence de la truelle et s'acharnent, accroupis, à éradiquer la luxuriance jaune qui a envahi leur gazon. Mais comment ce petit bouton doré provenant d'Eurasie a-t-il réussi à coloniser les pelouses du monde entier ? Comme souvent dans le cas des espèces exotiques envahissantes, c'est à l'homme que le pissenlit, ou dent-de-lion, doit son succès.

Il est très rare qu'une espèce indigène devienne envahissante. Généralement, une espèce mérite ce titre lorsqu'elle est introduite dans un milieu qui lui offre :

1. des conditions environnementales propices
2. une **niche écologique** vacante
3. un environnement exempt des prédateurs naturels (maladie, insecte ou faune) qui contrôlaient sa population dans son habitat d'origine.

Une espèce exotique est une espèce provenant d'un autre écosystème, qui a traversé des frontières naturelles comme un océan ou une chaîne de montagnes. Certaines espèces exotiques ne peuvent se maintenir sans l'aide de l'homme, volontaire ou non. D'autres ont réussi à s'adapter et poussent à l'état naturel ; on dit alors qu'elles sont **naturalisées**.

Parmi celles-ci, certaines deviennent envahissantes. Elles s'adaptent si bien à leur écosystème d'accueil qu'elles en viennent à occuper une position dominante au détriment des espèces indigènes, qui peut aller jusqu'à l'élimination de ces dernières ; c'est pourquoi on dit que les espèces envahissantes menacent la biodiversité des milieux naturels.

Le pissenlit n'entre pas vraiment dans cette catégorie : il n'envahit que des espaces maintenus par l'homme dans un état qui lui convient, en l'occurrence, la pelouse. Tout au plus pourrait-on le qualifier de plante indésirable, ce qui est nettement plus subjectif.

Il a d'ailleurs été introduit volontairement en Amérique du Nord par les premiers colons européens, tout comme bien d'autres espèces, du trèfle à la moutarde, de la marguerite à la chicorée sauvage. Le Canada compte près de 1500 plantes exotiques, près du quart de ses espèces végétales.

Si plusieurs importations ont été délibérées, les colons apportant avec eux des semences d'herbes à des fins culinaires ou médicinales, beaucoup d'autres furent fortuites. Les semences clandestines voyageaient par bateau, souvent dans les matériaux d'emballage ou dans les balles de foin destinées au bétail.

Bon nombre des espèces introduites en Amérique du Nord viennent des steppes de l'ouest de l'Asie et des montagnes européennes. Elles sont donc friandes de soleil et de grandes clairières. Mais les habitats ouverts étaient très rares dans le Québec méridional avant l'arrivée des Européens. Sans les colons, ces nouvelles venues n'auraient trouvé que peu d'habitats où s'établir.

L'exploitation forestière, le défrichage agricole et le développement urbain sont autant d'activités qui ont favorisé leur propagation. Elles ont littéralement suivi les pas de l'homme : les Amérindiens, dès le XVIIe siècle, appelaient « pied d'Anglais » le plantain majeur, car cette plante apparaissait partout où les Anglais installaient une nouvelle colonie.

Les espèces exotiques ont utilisé nos voies de communication pour se propager, poussant en bordure des routes et des voies ferrées, et utilisant chevaux, voitures et wagons pour exporter leurs semences. L'envahissement se poursuit encore aujourd'hui, avec de nouvelles introductions accidentelles, et la conquête humaine de nouveaux territoires.

L'Attila des pelouses

Mais revenons à notre pissenlit. La pelouse est la plus grande surface cultivée en Amérique du Nord (dépassant le blé et le maïs) et le pissenlit s'y est tout de suite senti chez lui. En effet, quoi de plus proche de ses steppes natales que cette couverture végétale basse ?

La flore indigène comptait peu de plantes spécialisées dans ce type d'habitats. Le pissenlit n'a donc pas eu à entrer en compétition lorsque ceux-ci se sont ouverts.

Ses particularités morphologiques, ses stratégies de régénération, de dispersion et d'utilisation des ressources en faisaient le conquérant idéal. On parle ici des « caractéristiques vitales » d'une plante.

La disposition en rosette de son feuillage est très économique et particulièrement efficace dans un milieu comme votre pelouse. Elle permet au pissenlit de capter les rayons du soleil dont il est friand sans avoir à dépenser d'énergie à créer un support pour ses feuilles (une tige). De plus, cette forme lui confère une résistance insolente aux lames de la tondeuse, puisque ses feuilles sont situées au ras du sol.

28

Sa racine, qui ressemble à une petite carotte, lui permet de s'enfoncer dans la terre bien plus profondément que la pelouse, et d'éviter ainsi la compétition pour les éléments nutritifs et l'eau. C'est d'ailleurs ce qui le rend si difficile à arracher. Cette racine charnue lui permet en outre d'accumuler des réserves durant l'été, ce qui lui assure une croissance rapide au printemps suivant.

Sa floraison hâtive lui permet de produire des semences entre deux passages de la tondeuse. Sa couleur voyante attire les insectes nécessaires à sa pollinisation. Sa hampe florale, la tige qui porte la fleur, croît rapidement, ce qui lui permet d'ériger ses semences bien au-dessus de la pelouse et de disperser son abondante production de graines sur une distance pouvant atteindre 10 kilomètres. On voit que la lutte est inégale.

La riposte

Mais que faire alors pour se prémunir de l'invasion ? Une riposte très efficace consisterait à donner au pissenlit le mal du pays, en éloignant l'aspect de son environnement de la steppe originelle. Au lieu de chercher à l'éradiquer d'un milieu qui lui va comme un gant, pourquoi ne pas aménager son terrain de façon à favoriser des espèces indigènes qui lui feront, littéralement, ombrage ?

Si vous tenez vraiment à un gazon uniformément vert, l'herbicide n'est pas une solution, car, en plus de dégrader l'environnement, vous risquez de rendre le pissenlit résistant : mieux vaut encore finalement mettre genou à terre devant cet adversaire… une truelle à la main.

Et puisque tout est affaire de motivation, pourquoi ne pas utiliser la récolte dans vos menus d'été ? Riches en vitamines A et C, toutes ses parties sont comestibles. Le jeune feuillage s'ajoute aux soupes et aux salades, et les jeunes boutons floraux cuits remplacent bien les pointes d'asperges. La racine peut même être séchée et rôtie, et servir de substitut de café, comme celle de sa cousine, la chicorée. Enfin, les fleurs peuvent être utilisées dans la fabrication d'un vin artisanal. Il va sans dire que l'utilisation d'herbicides vous aurait interdit ces délices.

Un dernier mystère mérite d'être éclairci : le pissenlit doit son nom moyennement poétique non pas à sa couleur, mais à l'une de ses nombreuses **propriétés médicinales**. Tonique, revitalisant, laxatif, dépuratif, il est aussi notoirement diurétique. *Isabelle Aubin*

Le cycle de vie du pissenlit

1. Une semence, munie d'une aigrette duveteuse est déposée par le vent.

2. Une plantule se développe en forme de rosette.

3. Des feuilles poussent près du sol, toujours en rosette. Elles font de la photosynthèse.

4. Une racine qui ressemble à une carotte accumule des réserves durant l'été, ce qui permettra une croissance rapide au printemps suivant.

5. Sa fleur, appelée capitule, est en fait le regroupement d'une centaine de fleurs minuscules appelées fleurons. Sa couleur voyante et sa généreuse production mellifère attirent les insectes.

6. La hampe florale permet à l'abondante production de semences d'être à son tour dispersée par le vent.

Éloge de la fainéantise

Votre regard glisse, rêveur, du gazon impeccablement tenu de vos voisins de gauche (les voisins A) à celui, fort négligé, de vos voisins de droite (les voisins B). Vous avez cru remarquer que le voisin A regarde souvent de haut la cour des voisins B, mais comment s'y prendrait un écologiste pour comparer ces deux habitats?

Une pelouse uniforme n'a-t-elle d'attraits que pour l'œil sévère du voisin A, ou en a-t-elle aussi pour les animaux? En quoi la pelouse A est-elle différente d'un champ herbeux naturel ou du gazon anarchique de la famille B? En vous posant ces questions, vous rencontrez deux des plus importants problèmes de l'écologie moderne:

1. La relation entre la **biodiversité** et la fonction d'un écosystème naturel.
2. L'utilité d'avoir un **habitat hétérogène** pour le maintien de cette biodiversité.

La première étape d'une étude écologique en bonne et due forme consisterait à déterminer la biodiversité des deux pelouses. Une façon de le faire serait simplement de compter les différentes espèces végétales et animales que vous pouvez y observer, mesure connue en écologie sous le nom de **richesse en espèces**. C'est une mesure primordiale en écologie et beaucoup d'efforts sont investis un peu partout dans le monde pour déterminer comment la richesse en espèces d'une communauté contribue à son fonctionnement. Plusieurs écologistes pensent que plus une communauté est riche en espèces, plus cette communauté est stable et, donc, résistante aux perturbations qu'elle pourrait subir.

En effet, plusieurs études expérimentales confirment qu'une **communauté** plus diversifiée résiste mieux aux maladies, aux températures extrêmes et autres invasions d'insectes. La raison avancée pour expliquer cette meilleure santé écologique des communautés diversifiées par rapport à d'autres plus pauvres en espèces se fonde sur l'idée théorique qu'on appelle en écologie l'**hypothèse d'assurance**.

Assurance tous-risques

Cette hypothèse d'assurance suggère que les communautés les plus diversifiées sont plus stables puisqu'en ayant plus d'espèces, elles ont plus de chance d'en comprendre qui seront adaptées à l'éventail des conditions environnementales possibles.

Pensons aux différentes conditions climatiques auxquelles les pelouses A et B sont exposées : elles passent de l'aridité glacée de l'hiver à l'humidité fraîche du printemps, à laquelle succède bien vite la chaleur sèche de l'été. Ajoutez les assauts du piétinement des gamins qui viennent y jouer ou les arrosages intempestifs d'une gente canine peu sensible aux arrangements paysagers, et vous voici face à des niveaux de stress impressionnants. Il sera difficile de trouver chez une seule espèce les adaptations qui résisteront à toutes ces conditions.

Ainsi, si la pelouse soignée (A) n'est composée que d'une seule espèce de gazon, comme c'est le plus souvent le cas, son apparence risque de souffrir plus facilement de tous ces stress que la pelouse à l'abandon (B) qui a toutes les chances de compter plus d'espèces de plantes.

En effet, en observant la pelouse B d'un œil d'écologiste, vous constaterez sûrement que les espèces qui la composent sont nombreuses. En conséquence, les stress auxquels cet environnement est soumis se répartiront et se dilueront parmi les espèces au lieu de s'acharner à répétition sur la même. Le résultat est une pelouse globalement plus résistante et qui demeurera verte, sinon homogène, durant tout l'été.

L'après-midi d'une faune

La diversité des types d'herbes, en plus de conférer une plus grande résistance contre les assauts faits à l'intégrité du **système écologique** de la pelouse B, créera les conditions qui favoriseront un accroissement de la diversité des animaux qui y vivent. Le fait d'avoir plusieurs types de plantes permet de créer pour eux des conditions environnementales variées, ce que les écologistes appellent une plus grande diversité de **niches écologiques**.

La niche écologique est constituée de l'ensemble des ressources alimentaires et de l'habitat dont une espèce a besoin pour sa survie. Avoir une pelouse composée de différentes plantes procure plus de niches (plus de ressources alimentaires et d'habitats variés), qui permettent à une grande variété d'espèces d'y coexister.

Par exemple, le pissenlit et le trèfle font partie de la niche de la coccinelle, puisqu'ils lui procurent le supplément en protéines nécessaire à sa croissance en début d'été. Un bénéfice potentiel de la présence de la coccinelle dans votre cour est qu'elle mange certains insectes ravageurs et parasites, comme le puceron. Une pelouse composée d'une ou de seulement quelques espèces de graminées ne permettra pas à la coccinelle de trouver les conditions essentielles à sa survie et elle ne pourra pas y jouer son rôle écologique.

Cette différence de composition en espèces dans le paysage des insectes jardiniers se nomme l'**hétérogénéité de l'habitat**, et plusieurs indices montrent que les environnements hétérogènes permettent la coexistence d'un plus grand nombre d'espèces, ce qui en retour accroît la diversité et, donc, l'intégrité écologique des systèmes naturels. Décidément, à bien y penser, le voisin A se donne beaucoup de mal pour pas grand-chose.

Allain Barnett, Richard Vogt
et François Guillemette

Spécimens rares

Quoi de plus agréable que de visiter un marché dont les étals débordent de fruits et de légumes tous plus colorés les uns que les autres ? C'est, sans contredit, le milieu le plus biologiquement diversifié en ville. Tout à nos emplettes, nous oublions un peu vite que les végétaux que nous mangeons sont issus de millions d'années d'évolution. Vos dernières courses vous auront donc permis de récolter d'inestimables spécimens. Ouvrons un peu le bac à légumes...

Selon l'hypothèse actuellement admise, l'origine des plantes remonte à environ 3 milliards d'années, soit environ 1,5 milliard d'années après la formation de la terre. Les premières cellules vivantes se sont formées à partir de molécules organiques complexes. C'est leur capacité de synthétiser de l'énergie à partir du souffre, de l'azote, du fer et, enfin, du soleil qui a donné naissance au règne végétal.

La chlorophylle est la protéine la plus répandue sur la terre. C'est elle qui, à partir de l'énergie solaire, du CO_2 et de l'eau, permet aux végétaux de faire de la photosynthèse, c'est-à-dire de fabriquer leur propre nourriture. C'est grâce à ces organismes débrouillards, dits **autotrophes**, que les **hétérotrophes**, ceux qui ne produisent pas leur nourriture, ont pu se développer.

Le milieu aquatique est le berceau de la vie végétale, une soupe de nutriments où l'accès aux composés essentiels était facilité. Ce n'est que 400 à 500 millions d'années plus tard que les végétaux ont mis pied à terre. Ce changement radical de milieu de vie a nécessité une spécialisation nouvelle des différentes parties des végétaux. Les racines ont permis l'ancrage et la quête de l'eau et des éléments nutritifs, la tige s'est étirée, pour permettre aux feuilles de capter plus de lumière, et les plantes ont dû adapter leurs mécanismes de reproduction au nouveau monde qui s'offrait à eux. C'est d'ailleurs sur la base du système reproducteur que repose notre classification des végétaux, comestibles ou non...

Les premiers végétaux terrestres avaient des structures reproductives relativement simples. Nos forêts et nos plates-bandes abritent toujours quelques survivants de cette ère, comme les **lycopodes,** les **prêles** et les **fougères**. Mais finissent-ils dans notre assiette? En fait, nous en consommons très peu. Les plus connus sont les têtes de violons, la pousse printanière de certaines espèces de fougères.

Les **gymnospermes** descendent de ces plantes terrestres relativement simples. Le terme signifie «végétal à ovules nus», car leurs graines ne sont pas protégées par une enveloppe externe. Ce groupe est aujourd'hui principalement représenté par les familles, genres et espèces de l'ordre des conifères. Les qualités alimentaires de ces derniers sont assez limitées; en fait, si l'évolution végétale en était restée là, l'Homme n'aurait probablement jamais pu voir le jour. Nous leur devons tout de même, entre autres, le gin, distillé à partir des baies du genévrier, les pignons, qui sont les graines du pin parasol, et la bière d'épinette, qui tire sa saveur d'un extrait de feuilles d'épinette. On a vu mieux, comme régime.

C'est au début du **crétacé**, il y a à peine 135 millions d'années, qu'est apparu le grand groupe des **angiospermes.** La spécificité de leur système reproducteur est que l'ovule, la graine, est protégée par un ovaire qui deviendra le fruit. Avec quelque 300 familles et plus de 300 000 espèces, les angiospermes sont de loin les végétaux les plus diversifiés et fournissent la quasi-totalité de nos fruits, légumes et céréales.

En termes évolutifs, la plupart des plantes que nous mangeons sont donc très récentes. Cela est particulièrement vrai pour les plantes herbacées et les céréales, qui sont apparues il y a moins de 30 millions d'années. Il est d'ailleurs avéré que les céréales ont évolué de concert avec l'Homme, qui, en les cultivant, a largement contribué à leur évolution et à leur distribution.

Les plantes apprivoisées

On oublie souvent en effet les années de labeur humain qui se cachent derrière nos cultures. Nos ancêtres de tous les coins du monde ont dû lentement domestiquer et « améliorer » ces plantes. Les premières furent les céréales et les légumineuses, sans doute à cause de leur très grande teneur en protéines et en amidon. Les fruits et les légumes ont été cultivés beaucoup plus tard, et plusieurs variétés ne sont disponibles que depuis peu.

En fait, la très grande majorité de nos aliments proviennent de trois grandes zones : la Méditerranée, l'Amérique du Sud et l'Asie, et leur évolution est intimement liée à celle des grandes civilisations de ces espaces. Rien n'est le fruit du hasard!

Les plantes ont commencé à vraiment voyager vers l'Europe au XIIe siècle, avec le développement du transport maritime et les échanges commerciaux entre les pays et les continents. Le développement des puissances coloniales européennes est d'ailleurs directement lié à leur intérêt pour les plantes exotiques, particulièrement les épices.

Qu'est-ce qu'on mange?

Si nous ne consommons qu'une petite fraction des espèces végétales existantes (et encore, nous ne pouvons le plus souvent consommer que certaines parties des plantes comestibles), c'est en partie parce que les plantes ont développé de nombreux mécanismes de défense.

Certaines se sont armées de substances toxiques, d'autres se sont couvertes d'épines ou de poils, ou sont carapaçonnées d'un épiderme trop coriace pour les fins palais. Heureusement, d'autre plantes, plus pacifiques, ont préféré « accepter » de se faire grignoter pour consacrer leur énergie à d'autres fins. Examinons le menu avec un œil d'écologiste.

Le fruit

Parmi les structures morphologiques végétales, l'une des plus nutritives et appréciées est le fruit. Nous reviendrons plus en détail sur les raisons de ce succès gastronomique au prochain chapitre, aussi contentons-nous ici de dissiper un malentendu persistant : l'utilisation courante des termes « fruit » et « légume » n'a aucun fondement scientifique. Les tomates, certes, mais aussi les concombres, le maïs, les fèves et autres poivrons sont, du point de vue botanique, des fruits au même titre que la pomme ou le raisin : c'est-à-dire qu'ils sont les ovaires qui protègent les graines.

Les structures de réserve

L'environnement terrestre offre aux organismes vivants une multitude d'habitats aux conditions de vie plus ou moins hostiles, et souvent instables. Inaptes à se déplacer en période de disette, de nombreuses plantes ont développé des structures pour emmagasiner des réserves. Certaines espèces conservent ces provisions dans un renflement de leurs racines, comme c'est le cas des carottes, radis, betteraves et autres navets. D'autres utilisent des tubercules souterrains, comme la pomme de terre et la patate sucrée, ou encore un rhizome (tige souterraine), comme le gingembre. L'oignon, l'échalote et l'ail, quant à eux, gardent plutôt leurs réserves dans les renflements de feuilles d'une plante sans tige.

42

La tige

Les meilleurs exemples de tiges comestibles sont la canne à sucre et le cœur de bambou. Souvent considéré comme une tige, le céleri est en fait une rosette de feuilles dont nous mangeons le pétiole. C'est aussi le cas de la rhubarbe, dont les feuilles ne sont pas comestibles (infusées, elles font un très bon pesticide). L'asperge peut aussi nous tromper, car elle est en fait le jeune rejet, ou turion, d'une tige souterraine.

Les feuilles

Laitues, épinards, bettes à carde et autres choux sont autant de bons exemples de feuilles comestibles. Les feuilles servent aussi souvent d'aromates, pour agrémenter plats et boissons : c'est le cas du basilic, du laurier et de la menthe, pour ne nommer que ceux-là.

Les fleurs

Le chou-fleur et le brocoli sont en fait des bouquets de fleurs. Les câpres, vendues en saumure, sont les bourgeons floraux du câprier. Un peu moins populaires mais tout aussi intéressantes, on peut se délecter des fleurs de capucine, de violette et de courgette. Les plus audacieux pourront même essayer le glaïeul ou l'œillet, tout à fait savoureux... *Christian Messier et Julie Poulin*

Évolution et biodiversité

La théorie de l'évolution par sélection naturelle, avancée par Darwin, est l'élément clé capable d'expliquer comment des forces matérielles ont pu donner naissance à l'impressionnante diversité de formes et de structures que l'on observe dans la nature.

Cette théorie se résume ainsi : les traits des individus varient quelque peu au sein d'une même population. Certaines de ces variations sont héréditaires, c'est-à-dire qu'elles peuvent être transmises aux descendants. Il arrive que certaines de ces variations donnent à celui qui les porte une plus grande capacité à survivre et à se reproduire ; on dira de cet individu qu'il a une aptitude biologique supérieure aux autres. Il va de soi que les traits qui produisent la plus grande aptitude seront plus facilement transmis à la génération suivante. À mesure que les générations passent, les variations les plus performantes dans un contexte donné deviennent de plus en plus répandues : on parle alors d'adaptations.

Une adaptation est donc le résultat de l'évolution vers des formes qui contribuent au maximum à l'aptitude de l'organisme qui le porte. Après plusieurs cycles de reproduction, il est possible qu'une sous-population au sein d'une espèce se différencie substantiellement de la population initiale, et il peut même y avoir formation d'une nouvelle espèce, soit un événement de spéciation, lorsque la reproduction entre membres des différentes sous-populations devient impossible.

Hep! Taxi!

La plupart des plantes restent enracinées au même endroit toute leur vie. Les fruits constituent donc leur principal moyen de «déplacement» et permettent, d'une génération à l'autre, de diminuer la compétition entre les individus pour l'accès aux ressources vitales, d'échanger du matériel génétique entre les populations et de coloniser des habitats favorables. Comme la plupart des plantes ne peuvent compter sur un système de transport autonome, elles utilisent l'eau, le vent, les animaux, et doivent adapter leur fruit au véhicule choisi.

La diversité des fruits dans votre corbeille est donc en grande partie fonction du mode de déplacement adopté (et adapté) par la plante qui les porte. Les écologistes parlent, eux, de **mode de dispersion**.

Transports animaux

Beaucoup de plantes ont recours à la **zoochorie**, la dispersion par les animaux. Certaines espèces emploient des stratégies de séduction : pour être attirantes, elles ont développé des fruits aux couleurs voyantes et aux chairs nutritives. Quand il est question d'ingestion par les animaux, on parle d'**endozoochorie**. Mammifères, petits et grands, et oiseaux raffolent ainsi des petits fruits. Un peu plus loin, quand l'animal aura digéré le tout, il rejettera les graines. La dispersion est assurée et l'animal rassasié ; c'est le **mutualisme**.

Et nul besoin d'un gros véhicule pour voyager efficacement ; alléchées par l'éléosome des violettes (une petite excroissance riche en graisses et en protéines attachée à la graine), les fourmis s'en emparent et le transportent vers leur fourmilière. Leur festin achevé, elles abandonnent les graines, moins intéressantes du point de vue nutritif, dans un milieu souterrain propice à la germination. La dispersion par les fourmis joue un rôle tel qu'on lui a donné un nom propre : la **myrmécochorie**.

Les graines de certaines espèces, comme celles du framboisier, ont des taux de germination plus élevés si elles ont été digérées. En passant par l'appareil digestif d'un oiseau, par exemple, l'enveloppe coriace de la graine est scarifiée, mécaniquement ou chimiquement, ce qui l'attendrit et en facilite la germination. Mais alors, pourquoi les amandiers, les noisetiers et les chênes ont-ils développé des fruits si nutritifs, mais qui ne survivent pas à la digestion ? Cela peut s'expliquer par le comportement de petits animaux, comme les écureuils et les tamias, qui cachent ces noix en de telles quantités qu'ils en laissent plusieurs intouchées. Encore une fois, les caractéristiques des fruits sont liées au mode de dispersion.

La disposition des graines par rapport à la chair dépend souvent des animaux qui sont associés à la dispersion d'une espèce. Les graines de fraisiers sont souvent consommées par les petits animaux qui pourraient être repus avant d'avoir atteint le cœur du fruit. En ayant évolué de telle sorte que ses graines soient situées à l'extérieur du fruit, le fraisier s'est assuré que celles-ci seront ingérées en premier.

Le Velcro est directement inspiré d'une stratégie particulière d'**exozoochorie**. Ce mode de dispersion est basé sur un système d'ancrage externe sur les animaux. Si vous avez un jour l'occasion d'observer les « boules de pics » des chardons (aussi appelés bardanes), examinez la pointe du fruit, recourbée en forme de crochet. En s'accrochant aux poils des animaux (et parfois aux vêtements ou aux cheveux des enfants), les graines peuvent parcourir des distances considérables.

Bon vent!

On dit des espèces disséminées par le vent qu'elles utilisent l'**anémochorie**. Les formes que prennent les appendices des graines pour avoir prise dans la brise sont très variables. La petite aigrette blanche attachée à la graine de notre pissenlit fait penser à un parachute, les disamares des érables ont une double voilure qui leur donne dans la chute des airs d'hélicoptère, et les graines de bouleau sont flanquées de petites excroissances en forme d'ailes. On estime que ces dernières peuvent parcourir des kilomètres sur la neige par grand vent.

La catapulte

On ne soupçonne pas l'activité explosive qui règne dans la quiétude de nos sous-bois, au début de l'été : une fois mûrs, les fruits des oxalides (la surette) ou de certaines espèces de violettes indigènes explosent littéralement, projetant leurs semences jusqu'à cinq mètres ! Comme elles font elles-mêmes le travail, on dit que ces plantes pratiquent l'**autochorie**.

49

Le pied marin

Vivant près de l'eau, certaines espèces laissent leurs graines se faire transporter par les flots, suivant un mode de dispersion appelé **hydrochorie**. Le cas d'école est celui de la noix de coco, qui, bien enveloppée dans l'épaisse gaine qui lui sert de flotteur, peut voguer sur des centaines de kilomètres avant de s'échouer sur la côte. On trouve ainsi depuis toujours, sur les plages d'Angleterre, des noix de coco venues des Bahamas. Seul le temps peu clément aura empêché les palmiers de pousser sur les plages de la Manche.

Une histoire de compromis

Tous ces stratagèmes évolutifs ont un prix. Ainsi, les graines font face au grand dilemme du voyageur : plus elles sont lourdement chargées, plus leur progression est limitée. Les espèces qui produisent de gros fruits donnent à leurs graines un précieux « bagage » constitué des réserves de nutriments nécessaires lors de la germination, de carapaces de protection ou au contraire d'enveloppes charnues invitant les animaux à les disperser. Comme la fabrication de ces structures nécessite un énorme investissement d'énergie de la part de la plante mère, les fruits sont produits en quantité limitée. Par contraste, des espèces qui offrent au vent des graines aussi fines et légères que la poussière peuvent se permettre de les produire par milliers, augmentant d'autant les chances qu'au moins quelques-unes tomberont sur un site propice à son développement.

Virginie-Arielle Angers et Daniel Kneeshaw

La vie en société

Trois perles noires en enfilade courent sur le trottoir, grimpent au mur de votre maison et se faufilent sans s'arrêter par une minuscule fissure dans la façade. L'effraction n'a rien d'un événement ; une fois de plus, une fourmi vient en éclaireuse visiter votre domaine, à la recherche des ressources qui perpétueront la colonie ou, qui sait, d'un nouveau territoire où s'établir.

Les nids des fourmis peuvent être constitués de quelques dizaines à plusieurs millions d'individus, selon l'espèce. Il en existe en effet un grand nombre : près de 12 000 répertoriées à travers le monde, et beaucoup d'autres restent encore à découvrir ! Leur taille varie énormément : d'à peine un millimètre pour les plus petites jusqu'à 6 cm pour la gigantesque reine Anomma, qui ne vit qu'en Afrique.

Et au Québec ? Environ 110 espèces ont été inventoriées, des plus connues, comme la « fourmi des trottoirs »,

Tetramorium caespitum, aux plus discrètes, comme les fourmis charpentières. Ces fourmis, qui appartiennent au genre *Camponotus*, comptent cinq espèces au Québec, leur couleur allant du noir intégral au rouge et noir. Elles sont également les plus grandes du Québec, les reines de l'espèce *Camponotus pennsylvanicus* atteignant 15 mm. Elles construisent généralement leur nid dans le bois fragilisé, d'où leur nom, ce qui peut parfois poser problème à l'homme lorsque le nid est établi dans une poutre ou une porte de la maison.

À la différence des termites, les fourmis ne se nourrissent pas de bois. Mais elles peuvent, à force d'étendre leurs galeries à coups de mandibules, faire tomber un arbre! Si les dégâts provoqués sont minimes en forêt, ils peuvent être plus graves en ville. Ainsi, en 2004, un arbre situé rue Wolfe, à Montréal, a écrasé deux voitures dans sa chute. Au sein des écosystèmes, le travail des fourmis charpentières a un rôle préliminaire dans la dégradation du bois. C'est en partie grâce à elles que l'arbre redeviendra, comme notre cœur de pomme, le substrat grâce auquel il a pu pousser.

À chacun son travail

Les fourmis sont des Hyménoptères, au même titre que les abeilles et les guêpes, et tout comme nombre d'espèces appartenant à ce groupe, on les qualifie d'**insectes sociaux**.

Les sociétés de fourmis se divisent généralement en deux groupes principaux: les sexuées et les asexuées. Les sexuées comprennent les fourmis femelles ailées, communément appelées reines (ou futures reines) et les mâles ailés. Les femelles ailées sont en fait de jeunes reines qui ne se sont pas encore accouplées avec les mâles. Cet accouplement a lieu chaque année pendant la période d'**essaimage**, lorsque les mâles et les jeunes femelles quittent le nid pour s'unir en vol ou au sol.

Le rôle du mâle s'arrête à la transmission de ses gènes, celui-ci trépassant généralement dans les quelques heures suivant la reproduction. C'est alors la femelle qui, selon l'espèce, soit créera une nouvelle colonie, soit se joindra à une fourmilière déjà formée. Lorsque celle-ci a trouvé un site de ponte adéquat, elle arrache ses ailes, désormais inutiles. Sa vie sera maintenant essentiellement sédentaire et elle résorbera ses **muscles alaires**, qui lui fourniront un supplément d'énergie pour s'attaquer à ce qui sera dorénavant son activité principale : la ponte.

C'est à partir de ce moment que sont produites les fourmis asexuées, aussi appelées ouvrières. Diligentes travailleuses, elles occuperont toutes les fonctions non reproductrices de la société : soin du couvain, construction et entretien de la fourmilière, recherche et collecte de la nourriture, défense de la colonie…

Ce sont elles que l'on voit courir et s'activer dès les premiers beaux jours dans les jardins et les parcs, et sur les trottoirs des villes. On peut parfois les observer aller et venir entre l'entrée de leur nid et certaines plantes où, en y regardant de plus près, on aperçoit d'autres insectes en grappes que les fourmis semblent caresser de leurs antennes. Ce sont des pucerons. Bétail docile, ils fournissent une sécrétion sucrée, le miellat, substance très appréciée des fourmis, qui vont en retour protéger les pucerons contre leurs ennemis. Comme on l'a vu pour l'endozoochorie, il s'agit encore de ce que les biologistes appellent le mutualisme : une association entre deux partenaires, profitable pour chacun.

Chambre en ville

Les fourmis savent donc se faire citadines, et parfois carrément pique-assiette : on en retrouve dans les maisons les mieux tenues, été comme hiver, en train de courir sur les comptoirs, le sol de la cuisine, la salle de bain. La championne dans ce cas est une petite fourmi rouge-brun d'à peine 2 mm, que l'on appelle fourmi pharaon ; *Monomorium pharaonis*, de son joli nom latin. L'espèce n'est pas indigène au Québec ; elle serait plutôt originaire d'Afrique, arrivée en Amérique via l'Europe. Supportant mal la rigueur de nos climats, elle s'accommode très bien de nos habitations, au point où elle parvient à occuper des blocs d'immeubles entiers.

Elle n'est pas seule : une dizaine d'espèces exotiques se retrouvent maintenant au Québec. Ces espèces voyagent d'un continent à l'autre par l'intermédiaire des transports humains et représentent parfois de sérieuses menaces pour l'intégrité des écosystèmes dans lesquels elles s'établissent.

Notre fourmi pharaon présente un comportement un peu différent de celui des fourmis québécoises. Chez cette espèce, il n'y a pas de vol pour l'essaimage et la

55

fécondation des femelles par les mâles a lieu dans le nid même. Celui-ci ne compte d'ailleurs pas qu'une reine avec ses ouvrières, mais plusieurs reines adultes, parfois jusqu'à quelques dizaines. Cette espèce est extrêmement souple dans le choix de ses sites de nidification et peut se contenter d'une petite fissure dans un mur, d'un dessous de pot, ou même d'un boîtier de DVD.

Une fois qu'on l'aperçoit dans une maison, il faut s'attendre à la retrouver n'importe où. De plus, il suffit que son nid soit dérangé pour que dans l'heure qui suit, toute la colonie ait déménagé à un autre endroit. Pour ce qui est de sa subsistance, la fourmi pharaon, comme beaucoup d'autres espèces, possède un régime alimentaire varié, que l'on qualifie de **polyphage**. Elle n'est donc pas difficile, et nous lui fournissons tout ce dont elle a besoin grâce aux nombreuses miettes que nous échappons. S'il le faut, elle ira se servir elle-même dans le garde-manger ou sur les croquettes du chat...

Benoit Guénard et Amélie Poitras Larivière

La forme la plus évoluée de socialité : l'eusocialité

Beaucoup d'organismes sont dits sociaux: les chimpanzés, les manchots, les thons (qui vivent en bancs)... Mais en fait, peu d'espèces ont évolué vers la forme la plus poussée de socialité animale: l'**eusocialité**. Parmi elles, on trouve essentiellement des insectes comme les termites, certaines guêpes, des abeilles et, bien sûr, les fourmis. L'eusocialité se définit par quatre critères principaux:

1. l'existence d'un site d'élevage des jeunes, commun à tous les individus de la colonie;

2. la coopération dans les soins apportés aux jeunes, c'est-à-dire que plusieurs individus de la colonie, géniteurs ou non, contribuent à nourrir, nettoyer et déplacer au besoin les œufs, le couvain et les nymphes;

3. le chevauchement des générations: plusieurs générations d'individus coexistent au sein de la colonie;

4. l'existence d'individus spécialisés dans la reproduction: ainsi, certains individus ont une fonction reproductrice (les reines, ou **gynes**), quand d'autres s'occupent de l'entretien de la colonie (les ouvrières, ou **ergates**). On parle alors de différentes castes qui peuvent se différencier morphologiquement et physiologiquement.

Il existe un cas connu d'eusocialité chez les mammifères: le rat-taupe, que l'on trouve dans les déserts de l'est de l'Afrique. En effet, la plupart des autres animaux dits sociaux ne comptent pas d'individus spécialisés dans la reproduction; ils ne répondent donc pas au dernier critère nécessaire pour être défini comme eusocial. L'homme n'est donc pas l'animal dont la socialité est la plus évoluée!

Drame en sous-sol

Dans la salle de bain du sous-sol, un scutigère tombé dans la baignoire arpente fébrilement sa prison d'émail. De l'une de ses très nombreuses pattes, ce centipède effleure un fil de la toile d'une araignée tisseuse, une pholcide phalangiste. La carnassière aux aguets se met aussitôt en mouvement, tandis que le «mille-patte», puissant prédateur s'il en est, arrache un pan de l'édifice arachnéen. S'ensuit une frénésie où la tisseuse tente d'immobiliser le vandale qui cherche à fuir à tout prix. Malgré le raccommodage éclair de la belle à huit pattes, le scutigère finit, une fois n'est pas coutume, par lui échapper en empruntant l'orifice d'évacuation du trop-plein de la baignoire.

Un grand nombre d'espèces animales, dites domestiques, s'installent de façon temporaire ou permanente dans nos habitations. À ce titre, les araignées constituent l'un des groupes les plus communs et les plus remarquables, tant par leur aspect que par leurs comportements. Il en existe plus de 35 000 espèces dans le monde, dont environ 620 au Québec. Le plus ancien fossile connu date de 395 millions d'années.

Les araignées ont de tout temps fasciné et stimulé l'imagination des hommes. Pour preuve, la classe même des arachnides tire son nom d'un personnage de la mythologie grecque, Arachné, jeune Lydienne prétentieuse et experte dans l'art du tissage qui osa défier la déesse Athéna. L'ouvrage d'Athéna était superbe, mais celui de la jeune Arachné l'était plus encore. Folle de rage, Athéna déchira la toile de sa rivale, qui, humiliée, se donna la mort. Prise de remords, la déesse Athéna transforma Arachné en araignée pour qu'elle puisse continuer à tisser des toiles pour l'éternité.

Du point de vue un peu moins poétique de la **taxonomie**, les araignées font partie du grand embranchement des arthropodes, au même titre que les insectes, les crustacés et les mille-pattes. Au sein des arthropodes, elles forment la classe des arachnides aux côtés, entre autres, des scorpions, des opilions et des minuscules acariens. Les principales caractéristiques qui permettent de les distinguer des insectes sont la présence de quatre paires de pattes, l'absence d'ailes et d'antennes, et la fusion de la tête et du thorax (pour former le céphalothorax).

Vie et mœurs

Les araignées sont des organismes solitaires, à l'exception de quelques rares espèces grégaires d'Amérique du Sud. Elles utilisent pour s'orienter leurs quatre paires d'yeux, ainsi que des poils très sensibles aux vibrations situés sur leurs pattes et sur leurs **palpes**. Toutes les araignées, qu'elles soient tisseuses de toile ou chasseuses à l'affût, se déplacent avec un fil de soie de survie qui leur permet notamment de se rattraper en cas de chute. Le cycle vital des araignées varie selon les espèces, mais elles ne subissent pas de métamorphoses, comme c'est notoirement le cas, par exemple, chez les papillons (les jeunes araignées ressemblent aux adultes). En général, les femelles pondent leurs œufs dans un cocon de soie qu'elles transportent avec elles ou cachent dans un abri. Après l'éclosion, les juvéniles grandissent en changeant de peau, comme chez les insectes; c'est la mue.

Selon les espèces, elles chassent à l'affût, avec ou sans toile, ou encore de manière active. Les toiles des araignées peuvent avoir des formes très variées (spirales, plates-formes, horizontales, verticales...). Certaines attrapent même leurs proies grâce à un lasso de soie. Une fois capturée, la proie est immobilisée par une morsure avec injection de venin, ou en étant emballée vive dans la soie. Les araignées qui ne tissent pas de toiles chassent le plus souvent en arpentant le sol, les branches (ou les poutres) à la recherche de proies. Lorsqu'une proie est repérée, l'araignée s'en approche et bondit pour lui infliger une morsure paralysante. Physiologiquement, elles

61

doivent liquéfier leur repas pour se nourrir, car elles sont incapables de mâcher ou d'absorber des aliments solides. Elles digèrent donc leur proie avant le repas en leur injectant des sucs digestifs. Il ne leur reste plus qu'à sucer le contenu liquide. Il n'en restera qu'une enveloppe vide.

Les trois régimes des araignées

Les araignées sont des prédateurs voraces qui se nourrissent de proies vivantes. Elles peuvent être impliquées dans trois grands types de prédation : la **prédation extraguilde**, le **cannibalisme** et la **prédation intraguilde**.

Dans les cas de prédation extraguilde, l'araignée attaque des espèces avec lesquelles elle ne partage pas de ressources alimentaires. Les espèces trouvées dans les maisons au Québec se nourrissent de petits arthropodes, principalement des insectes volants ou rampants (der-

mestes, poissons d'argent, blattes, etc.). Dans la nature, les araignées assurent ainsi une forme de contrôle biologique naturel en réduisant les populations de nombreux insectes nuisibles en trop grand nombre.

Les araignées sont également de redoutables cannibales. À tous les stades de leur développement, chaque individu est susceptible de devenir la proie d'un autre membre de sa propre espèce. Les araignées pratiquent dans certains cas la **matriphagie**, c'est-à-dire que les juvéniles de certaines espèces, notamment chez l'araignée-loup, dévorent leur mère. Citons également le cannibalisme sexuel, où la femelle dévore le mâle après l'accouplement. À peine un hors-d'œuvre, quand on sait qu'une femelle araignée peut mesurer plus de dix fois la taille de son conjoint. Ces habitudes peuvent sembler aberrantes, mais la nature a sélectionné les comportements les plus

63
◇◆◇◆◇

avantageux pour les individus qui les adoptent. Ainsi, les jeunes dévorant leur mère obtiennent un surplus de nourriture qui augmente leurs chances de survie, et la mère peut se consoler de cette ingratitude en voyant ainsi augmentées les chances de perpétuer sa lignée.

Lorsqu'elles ne chassent pas leurs semblables ou leurs proies habituelles, les araignées pratiquent fréquemment ce que l'on appelle la prédation intraguilde. À titre d'exemple, le centipède et l'araignée dont il était question plus haut, exploitent la même ressource alimentaire, par exemple le poisson d'argent. Ils appartiennent à la même guilde (regroupement d'ennemis naturels d'une même proie) et sont donc compétiteurs. Lorsque l'araignée piège et tue le centipède, elle consomme un individu appartenant, comme elle, à la guilde des prédateurs du poisson d'argent. Ce faisant, l'araignée obtient non seulement un repas riche en protéines, mais se débarasse d'un compétiteur alimentaire et élimine un prédateur potentiel (car le centipède peut également attaquer l'araignée durant ses déplacements au sol). Bien entendu, le risque associé à ce type de prédation est que le prédateur présumé peut se retrouver dans le rôle de la proie!

L'araignée du logis

Été comme hiver, dans nos caves, nos greniers et nos chambres à coucher, les araignées cohabitent avec nous. Au Québec, six espèces d'araignées partagent fréquemment l'espace de nos habitations.

Noires, poilues, véloces... les araignées sont sans doute les Arthropodes les plus redoutés, malgré leur impact non négligeable sur une grande quantité d'insectes et d'acariens nuisibles. Les morsures d'araignées ne se produisent généralement que lorsque l'animal est coincé entre la peau et les vêtements ou les draps. Une morsure d'araignée ne provoque la plupart du temps qu'une douleur passagère, bien que de rares individus développent une réaction allergique, attribuable non au venin, mais aux protéines contenues dans la salive de l'animal. Donc, dans l'immense majorité des cas, les araignées sont tout à fait inoffensives pour l'homme et aucune des espèces vivant au Québec n'est capable d'empoisonner mortellement un être humain. En 1983, une étude américaine révélait d'ailleurs que 80 % des rougeurs ou autres symptômes associés à des morsures d'araignées étaient en fait causés par d'autres arthropodes.

Si, malgré tout, les araignées demeurent indésirables dans votre demeure, il est possible d'utiliser un aspirateur pour éliminer les toiles. Il est également efficace de bloquer les points d'accès à la maison (boucher les trous, placer des moustiquaires…). Lorsque les individus sont vivants, il est recommandé d'utiliser un balai ou un contenant afin de repousser les intrus à l'extérieur. Et si d'aventure une araignée se retrouve sur vous, la meilleure solution consiste alors à la repousser doucement plutôt qu'à l'écraser.

Olivier Aubry et Éric Lucas
(Merci à Francine Mondor et Raymond Hutchinson.)

Les araignées domestiques du Québec : clé d'identification

Il existe un grand nombre d'espèces d'araignées pouvant, par hasard ou intérêt, pénétrer dans les habitations. Six espèces sont plus particulièrement inféodées au milieu domestique québécois. Cette clé d'identification (comme celles utilisées souvent par les écologistes pour distinguer les espèces) permettra de les différencier. Choisissez un des deux chemins proposés et descendez la clé jusqu'à l'identification de votre spécimen.

Ainsi, au critère 1, si votre araignée a des pattes robustes et courtes, rendez vous au critère correspondant, soit ici le critère 2. Sinon, vous avez l'espèce *Pholcus phalangioides*. Continuez de cette manière jusqu'au moment où vous arriverez à identifier votre espèce.

1
Araignée à pattes longues et fines, au moins trois fois la longueur du corps.
Long. du corps : 6-8 mm
Pholque phalangiste. *Pholcus phalangioides* (famille des Pholcides). Vit dans les caves et sous-sols aménagés. Souvent suspendue tête en bas sur une toile. Inoffensive.

Araignées à pattes plus robustes et moins longues ▶ **2**

2
Abdomen globuleux et gros, filières non visibles du dessus, tisseuses ▶ **3**

Abdomen plus aplati, filières visibles du dessus au bout de l'abdomen ▶ **4**

ILLUSTRATIONS DE FRANCINE MONDOR

3

Corps trapu et sombre, à coloration variable.
Long. du corps : 5-11 mm. Tisseuse à toile circulaire
Larinioides patagiata (famille des Aranéides).
Tisse des toiles sur les murs à l'extérieur
des maisons. Inoffensive.

Corps arrondi coloration brillante noire/rouge
avec motif variable sur abdomen. Patte courtes.
Long. du corps : 3-7 mm
Steatoda bipunctata (famille des Thérédiides).
Tisseuse à toile irrégulière, souvent près
des portes. Inoffensive.

4

Abdomen trapu, très velu, zébré noir
et blanc, 2 yeux plus gros que les autres.
Long. du corps : 7 mm
Araignée zèbre. *Salticus scenicus* (famille
des Salticides). Ne tisse pas de toile, sauteuse,
vit souvent sur les vitres et fenêtres. Inoffensive.

Abdomen différent, moins velu
et sans patron zébré ▶ 5

5

Corps vert pâle à jaunâtre. Tâche allongée
au centre de l'abdomen. Long. du corps : 7 mm
Araignée jaune des maisons.
Chiracanthium mildei (famille
des Clubionides). Espèce nocturne,
chasse sans toile, mais possède un abri
de soie pour le jour. Risque modéré
de morsure avec nécrose.

Corps avec chevrons sur l'abdomen.
Long. du corps : 6-12 mm. Tisseuse à toile
horizontale en forme d'entonnoir
Tégénaire des maisons. *Tegenaria domestica*
(Clerck) (famille des Agélénides). Commune
dans les granges, caves et autres endroits
frais, humides et sombres. Inoffensive.

L'hiver au chaud

Les tempêtes de neige, le grésil, la gadoue et les 30 degrés sous zéro de notre long hiver nous donnent bien du fil à retordre. Heureusement, nos habitations ont été conçues pour nous offrir un refuge douillet contre ces calamités annuelles. Il peut arriver qu'une espèce animale partage avec nous ce goût du confort. Ceux et celles qui, depuis quelques années, ont l'honneur d'héberger chaque hiver la coccinelle asiatique peuvent en témoigner.

La coccinelle en question, *Harmonia axyridis Pallas*, mesure entre 4,8 et 7,5 mm, adopte des coloris qui vont du jaune au rouge foncé, et peut arborer jusqu'à vingt points noirs… ou n'en avoir aucun. On a dénombré plus de 100 agencements de coloration et de points, ce qui a pu laisser croire à tort à la présence de plusieurs espèces. Au Canada, c'est la variété orange à 19 points noirs qui domine. En cas de doute, on peut souvent reconnaître la bête à la disposition de taches en forme de M sur sa partie antérieure, juste derrière la tête.

Comme son nom l'indique, cette coccinelle vient d'Asie. Elle a été introduite en Californie à des fins de lutte biologique contre les pucerons dès 1916, puis dans les années 1960. Beaucoup d'autres États ont suivi entre 1978 et 1982. Plusieurs des tentatives d'introductions se sont soldées par un échec, mais depuis le début des années 1990, des spécimens ont été retrouvés de la Côte Est à la Côte Ouest des États-Unis. Il est impossible de savoir s'ils sont originaires des populations volontairement relâchées ou s'ils sont entrés clandestinement par les ports.

L'introduction d'espèces exotiques dans un nouvel environnement se fait souvent à retardement, soit parce que les espèces ne sont pas adaptées au climat, soit parce qu'elles ne peuvent faire face à une compétition trop forte. Dans certains cas, les introductions répétées permettent aux populations qui survivent en faibles densités de rehausser la **variabilité génétique**, ce qui favorise l'évolution d'adaptations au nouvel environnement. Dans le cas de la coccinelle asiatique, c'est là une hypothèse à considérer.

Au Québec, on l'a observée pour la première fois en 1994, dans un verger du sud de la Montérégie. On la retrouve maintenant jusqu'en Abitibi et au Lac Saint-Jean, dans les campagnes, mais aussi en ville. Cette coccinelle présente plusieurs aspects intéressants pour un agent de lutte biologique : elle est très vorace, raffole des pucerons, et se reproduit en très grande quantité (une femelle peut pondre jusqu'à 3800 œufs par an). Malheureusement, la coccinelle asiatique ne se contente pas d'attaquer des pucerons; elle consomme aussi les œufs et les larves des autres espèces de coccinelles.

Cette forme de compétition, dite **compétition par interférence**, est très souvent observée chez les espèces envahissantes. On l'a vu, les nouvelles espèces ont souvent des caractéristiques biologiques qui surpassent celles des espèces indigènes, ce qui leur confère un net avantage pour coloniser les habitats et s'approprier les ressources.

Dans le cas de la coccinelle asiatique, il semble que la conséquence de sa fécondité et de son appétit a été de diminuer l'abondance, voire d'exclure quelques espèces de coccinelles. Elle s'attaque aussi à d'autres espèces, comme certains papillons, mouches et autres petits insectes qui se retrouvent à des stades juvéniles sur les plants qu'elle arpente dans sa quête insatiable de nourriture.

À l'abri de la bise...

Dans les pays asiatiques, plusieurs centaines d'individus hibernent dans les cavités des rochers, à l'abri du vent et du froid. Ils accumulent des réserves de gras à la fin de l'été, ce qui leur permet de survivre à des températures allant jusqu'à -12°C. Notre hiver étant autrement rigoureux, la coccinelle asiatique a développé un comportement tout à fait inusité : entrer dans les maisons pour y hiberner.

C'est donc par centaines qu'on les voit s'agglutiner, lors des belles journées chaudes d'automne, sur les murs chauffés par le soleil, cherchant à entrer par les interstices des fenêtres ou les bouches d'aération. Cette particularité comportementale serait l'une des raisons décisives du succès de son invasion nord-américaine.

... Et des autres fléaux

En plus d'éviter les températures trop froides ou la noyade au dégel sur les sites d'hibernation extérieurs, la coccinelle asiatique échappe aussi dans nos demeures à plusieurs ennemis naturels. En milieu ouvert, en effet, deux types d'ennemis profitent de ses agrégations hivernales : les **parasitoïdes** et les **champignons entomopathogènes**.

Les premiers sont de petites guêpes qui viennent pondre des œufs dans les coccinelles. Les larves de guêpes parasitoïdes passent l'hiver dans le corps de la coccinelle, s'en nourrissent au printemps, s'en extraient pour former un cocon sous la dépouille, dont une nouvelle guêpe émergera, qui ira pondre à l'intérieur d'un autre individu. Ce parasitisme peut être une cause de mortalité importante pour les coccinelles qui sont regroupées en grandes populations et deviennent ainsi des proies faciles pour les parasitoïdes. Chez certaines espèces, le taux de mortalité causé par le parasitisme peut être de 10 à 70 %. Dans le cas de la coccinelle asiatique, le parasitisme est toutefois assez faible, entre 1 à 5 %. Les maisons présentent un avantage par rapport aux sites d'hibernation naturels, car elles empêchent les parasitoïdes de trouver leurs hôtes.

Le deuxième ennemi des coccinelles sur les sites d'hibernation est un champignon entomopathogène (« qui s'attaque aux insectes»), *Beauveria bassiana*. Quand le milieu est très humide, comme c'est le cas au printemps, ce champignon s'attaque sans merci aux coccinelles, qui meurent par centaines. Le taux d'humidité dans les maisons est cependant trop faible pour permettre à ce champignon de se développer. Au printemps, la coccinelle asiatique se réveillera donc en pleine forme, après un sommeil douillet et sans inquiétude. Elle aura une faim de loup.

Geneviève Labrie et Caroline Provost

PARTIE II

Vie de quartier

La vie secrète de nos étangs

Dans un parc, en pleine ville, un étang offre au promeneur un spectacle tranquille. Un regard attentif permettra pourtant d'observer papillons, libellules et autres insectes, plantes aquatiques, grenouilles, poissons, et peut-être une tortue... Mais vous aurez beau chercher, écarquiller les yeux, il manquera toujours à votre liste une population cruciale, peut-être la plus importante: les microorganismes.

Une grande partie des vivants microscopiques vit en suspension dans l'eau sans vraiment pouvoir s'y mouvoir ou même s'opposer à son mouvement. Il s'agit du **plancton**. Ces organismes très abondants (de quelques individus jusqu'à des milliers par litre) forment le plancton végétal ou animal que l'on appelle respectivement **phytoplancton** et **zooplancton**. Sans eux, la vie dans l'étang n'est tout simplement pas possible.

À l'origine de l'oxygène sur terre : le phytoplancton

Le phytoplancton, l'ensemble des algues microscopiques, occupe le premier niveau de la chaîne alimentaire. Il est brouté par le zooplancton, lui-même consommé par de petits poissons qui sont à leur tour la proie de plus gros poissons… l'histoire est bien connue. Le phytoplancton a un autre rôle important. À travers la photosynthèse, il fixe le dioxyde de carbone (CO_2) en utilisant l'énergie solaire pour produire des sucres, libérant ainsi de l'oxygène (O_2) dans l'environnent aquatique. C'est cet oxygène qui permet aux autres organismes qui habitent les étangs, notamment les poissons, de respirer.

Ces microalgues peuvent présenter des formes très diverses : aiguilles, disques plus ou moins ronds, petites boîtes en silice… Les membres de certains groupes possèdent des prolongations qui favorisent la flottaison, tandis que d'autres sont dotés de **flagelles** souples et mobiles qui leur permettent de se mouvoir, modérément. Le phytoplancton se rencontre souvent sous forme d'une cellule unique mais peut aussi s'associer pour former des chaînes ou des colonies.

Cependant, dans cette diversité de formes et de tailles, tous les groupes de phytoplancton ont en commun une molécule pigmentaire que nous avons déjà rencontrée : la **chlorophylle a**. Ce pigment, en plus d'autres qui sont présents dans les microalgues, permet au phytoplancton de capturer efficacement la lumière indispensable à la photosynthèse et lui confère différentes couleurs. Le pigment est si important pour la physiologie des microalgues qu'il est un des critères qui permet de les classer. Ainsi, on retrouve des algues plutôt vertes comme les **chlorophytes**, bleu-vert comme les **cyanophytes**, ou brunes, comme les **diatomées**.

À travers la vie microscopique des étangs, on voit que l'énergie du soleil est à la base de toute la vie présente dans l'environnement aquatique. On appelle production primaire toute la **biomasse** qui est issue de la photosynthèse des plantes, qu'il s'agisse de phytoplancton ou de plantes terrestres. Cette biomasse emmagasine l'énergie capturée des rayons du soleil, énergie qui sera distribuée d'un organisme à l'autre à travers ce que l'on appelle la **chaîne trophique**.

Le phytoplancton produit de la biomasse grâce à la lumière solaire, mais pour que l'énergie contenue dans cette biomasse puisse passer aux poissons, puis éventuellement au reste de la chaîne (ce qui peut inclure les humains, qui mangent les poissons), il faut ajouter un chaînon, ou « niveau trophique » : celui des consommateurs primaires.

De minuscules monstres marins :
le zooplancton

La transmission de la production primaire du phytoplancton au reste de la chaîne alimentaire se fait grâce
au zooplancton, groupe d'animaux suffisamment petits
pour brouter ces plantes microscopiques. Ces animaux
multicellulaires sont de trop petite taille pour être facilement visibles à l'œil nu dans l'eau des étangs. Munis
d'yeux primitifs, de plusieurs pattes, d'une bouche et
d'un estomac, ils on un lien évolutif avec les homards.
Ils consomment le phytoplancton en suspension

79

principalement par filtration, en suscitant un courant d'eau le long de leur corps grâce aux mouvements de leurs petites pattes. Avec d'autres pattes spécialisées, encore plus petites, ils récupèrent les algues de l'eau et les portent à leur bouche.

À titre de consommateur secondaire, le zooplancton fait le lien entre la production primaire phytoplanctonique et les consommateurs tertiaires : les poissons. Mais le zooplancton n'est pas naïf : il a élaboré des stratégies afin d'éviter d'être mangé.

Premièrement, son corps est incolore dans les étangs, ce qui réduit l'efficacité des prédateurs visuels comme les poissons.

Une deuxième méthode pour éviter d'être la proie des poissons consiste, pour le zooplancton, à se cacher parmi les plantes pendant le jour, souvent au bord des étangs, au moment où la lumière du jour le rendrait plus visible.

La troisième, et non la moindre, de ses stratégies de défense est le **polymorphisme**. Le terme renvoie à la capacité de changement dans la morphologie d'un individu pendant son développement. Profitant du fait que ce sont les poissons de petite taille, munis d'une petite bouche, qui mangent les zooplanctons, ces derniers peuvent faire preuve d'une flexibilité **phénotypique** sans pareille et développer des **morphes** dont la tête et la queue deviennent plus grosses et donc plus difficiles à capturer et à avaler. Mieux, ils ne le font qu'au besoin, lorsqu'ils se développent dans une eau contenant des indices de la présence de poissons prédateurs.

Ainsi, contrairement au phytoplancton, qui est plutôt passif face aux brouteurs, le zooplancton fait tout ce qu'il peut pour éviter d'être mangé. C'est probablement grâce à ces adaptations que des populations de zooplancton existent toujours.

Boucler la boucle : les bactéries

Les plantes se servent du soleil pour construire la biomasse primaire, c'est dit. Mais cela n'est pas suffisant : le soleil n'est qu'une source d'énergie. La biomasse, pour se constituer, dépend aussi des éléments qui servent à la construire. Pour que la vie continue sans s'arrêter, il faut aussi des microorganismes encore plus petits que le phytoplancton et le zooplancton, capables de régénérer les éléments nécessaires à la construction de la biomasse : ce sont les bactéries, dont nous avons déjà parlé. Ces bactéries, toutes unicellulaires, peuvent dégrader les matières organiques du milieu. Dans le cas qui nous occupe, elles participent ainsi à l'épuration naturelle d'un écosystème aquatique.

En transformant les matières organiques complexes en substances minérales simples dont le phytoplancton a besoin pour se développer, les bactéries referment un cycle trophique appelé **boucle microbienne**. Cette boucle débute avec les producteurs primaires (le phytoplancton), passe par les consommateurs (le zooplancton et les poissons), pour aboutir enfin aux décomposeurs (les bactéries).

Lorena Longhi et Beatrix Beisner

Qui dort dîne?

« Qu'est-ce que ça mange en hiver, un sciuridé ? » C'est
une des questions qui seront traitées dans ce chapitre. Il suffit pour l'instant de savoir qu'il s'agit du nom
savant de la famille des écureuils, habitants plus ou
moins voyants de nos rues et de nos parcs. On se soucie
ici de savoir pourquoi les écureuils gris et roux demeurent visibles tout l'hiver alors que les tamias rayés et
les marmottes communes (qui sont aussi des sciuridés)
semblent avoir disparu. L'enquête est ouverte...

L'hiver est un défi pour l'ensemble des animaux **homéo-
thermes,** ceux dont la température corporelle est
constante. Maintenir sa température malgré les froids
intenses de l'hiver québécois nécessite une forte dépense
en énergie, précisément au moment de l'année où la
nourriture est généralement la moins abondante.

Dans ce contexte écologique, diverses « tactiques »
comportementales, physiologiques et démographiques peuvent optimiser la survie des individus d'une
espèce. Les écologistes nomment ces tactiques **stratégies**

d'histoire de vie, ou **stratégies biodémographiques**. Chacune est fortement associée tant aux capacités physiques qu'à l'écologie de l'animal qui l'utilise.

Même chez des espèces qui sont très proches du point de vue évolutif et écologique, de grandes différences peuvent exister entre les méthodes adoptées. L'observation de nos quatre cousins de la famille des sciuridés illustre bien ce principe. Autant couper court au suspense : les tamias rayés et les marmottes n'ont pas disparu. En fait, ils sont entrés en hibernation.

La méthode suisse : on hiberne à Berne ?

Qui n'a jamais rêvé de passer l'hiver à dormir et à manger sans jamais mettre le nez dehors ? Les suisses réalisent d'une certaine façon ce doux rêve chaque année. Bien entendu, il est ici question du petit tamia rayé et non des citoyens helvètes. Le nom populaire du tamia rayé semble provenir du rapprochement qui peut être fait entre son pelage jaune, noir et blanc et le costume de la garde suisse du Vatican. Le nom français « tamia » vient du latin *tamias* qui signifie l'économe, appellation très appropriée pour ce petit rongeur qui passe l'été à stocker des graines (glands de chêne, faines de hêtre, et samares d'érable) dans son terrier. Les suisses, quelle que soit l'espèce, ont décidément une forte tradition bancaire…

Vers la mi-octobre, avec l'arrivée de l'hiver, les tamias regagnent leur terrier et n'en ressortent véritablement qu'au mois d'avril. Contrairement aux apparences, cependant, nous n'avons pas affaire à un sommeil ininterrompu. Il s'agit plutôt d'une léthargie entrecoupée de repas, d'ailleurs assez monotones, à moins de raffoler des noix et des graines.

À plus ou moins 50 cm sous terre, à l'abri des variations extrêmes de température, les tamias entrent en **torpeur**, une sorte de sommeil profond caractérisé par une forte diminution de la température corporelle, qui passe de 37 °C à 4 °C, et par un abaissement du rythme cardiaque, qui passe de 350 à 4 battements par minute! Les phases de torpeur peuvent durer jusqu'à six jours, suivis de très courtes périodes d'éveil durant lesquelles le rongeur fait sa toilette et mange quelques provisions emmagasinées dans son terrier à l'automne.

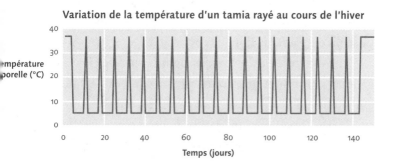

Variation de la température d'un tamia rayé au cours de l'hiver

Température corporelle (°C)

Temps (jours)

Ces réveils répétés servent à réparer les dommages causés par la torpeur comme les **stress oxydatifs** (dégradation des cellules causée par des radicaux libres), la baisse de l'**immunocompétence** (augmentation de la sensibilité aux maladies), et peut-être même des lésions aux tissus nerveux. L'hibernation n'est donc pas une solution de tout repos, et offre un compromis entre la réduction des dépenses énergétiques et l'accroissement des dommages causés par la torpeur.

La grassouillette cousine marmotte

La marmotte aussi passe l'hiver en hibernation dans son terrier, mais, contrairement au tamia, au lieu d'engranger sa nourriture dans son terrier, elle la transforme en **graisse brune** qu'elle accumule sous sa peau ; ce type de graisse assure une production de chaleur. Ces réserves adipeuses peuvent dépasser à l'automne la moitié de sa masse corporelle totale. Durant l'hibernation, elle perdra près du tiers de ce poids automnal.

Lors de ses premières sorties au mois de mars, la nourriture se faisant rare, la marmotte continue de profiter de ses réserves de graisse, et ce, jusqu'à l'apparition des premières plantes herbacées, trèfle, luzerne, renoncule, pissenlit ou plantain, dont elle est friande.

Cette différence de technique pour le stockage énergétique, gras plutôt que nourriture, dépend du régime alimentaire de l'animal. Une marmotte, qui se nourrit d'herbe, serait bien incapable d'entreposer assez de denrées dans son terrier pour survivre tout l'hiver : il lui faudrait une cavité gigantesque (plus de 1,3 m³) pour recevoir un volume d'herbe correspondant, disons, à 250 laitues bien tassées.

Sports d'hiver chez les écureuils

Les écureuils gris et les écureuils roux, eux, ne se laissent pas aller à la torpeur. Ils passent l'hiver dans des nids de feuilles mortes et de brindilles ou dans les cavités des arbres, à plusieurs mètres au-dessus du sol. L'allongement du poil et la constitution de petites réserves de graisse leur permettent de mieux isoler le corps et de conserver sa chaleur, diminuant d'autant les dépenses d'énergie pour la **thermorégulation**.

Leur activité, fortement réduite par rapport à la période estivale, se limite de plus aux moments les moins froids de la journée. Lors de leurs sorties, écureuils roux et gris fouillent la neige à la recherche de graines cachées durant l'automne dans l'humus et les feuilles mortes, à proximité de leurs abris. En ville, ils profitent aussi d'autres ressources très avantageuses : les passants qui leur lancent du pain, des cacahouètes et autres graines, et les ornithologues amateurs qui placent des mangeoires devant leurs fenêtres pour observer les oiseaux.

Mais pourquoi au juste les écureuils gris restent-ils actifs quand les tamias hibernent ? C'est à ce type de questions que réfléchissent les écologistes qui étudient les « traits d'histoire de vie ». Les réponses se trouvent souvent dans une combinaison de contraintes physiologiques et de compromis entre les coûts et les bénéfices des alternatives. Dans le cas des écureuils gris et roux, il existe peut-être une contrainte liée à leur **écologie arboricole** : il est difficile d'être solitaire dans un nid aérien sans perdre le contrôle de sa température corporelle.

Traits très importants

Aucune créature ne peut tout faire ; elle est limitée par des contraintes génétiques, physiologiques, mécaniques et écologiques. Les **traits d'histoire de vie** sont les caractéristiques mesurables d'un organisme vivant qui ont un lien direct avec sa reproduction et sa survie.

La taille à la naissance, le patron de croissance, la taille des adultes et l'âge de la maturité, le nombre, la taille et la répartition des sexes des descendants, l'investissement reproductif selon l'âge et la taille, les schémas de mortalité selon l'âge et la taille, et la durée de vie sont répertoriés comme les traits les plus importants et les plus étudiés. C'est l'agencement complexe de ces traits au sein de chaque espèce qui définit leur stratégie d'histoire de vie.

Lorsque vous observez un trait d'histoire de vie chez une espèce, qu'elle soit animale ou végétale, et que vous vous cassez la tête en suppositions sur son origine, dites-vous bien que quelque part, sans doute, un écologiste se pose la même question. *Julien Martin*

Classification des espèces citées

Règne: Animal • **Embranchement:** Chordés
Classe: Mammifères • **Ordre:** Rongeurs
Famille: Sciuridés • **Espèces:** écureuil gris (*Sciurus carolinensis*), écureuil roux (*Tamiasciurus hudsonicus*), tamia rayé (*Tamias striatus*), marmotte commune (*Marmotta monax*)

Peur sur la ville

Il est partout. Tapi dans l'ombre ou sillonnant son territoire, toujours aux aguets, tous sens en alerte, il cherche sa prochaine victime. La ville est le domaine de ce dangereux carnassier, qui rend toute littérale la vieille image de la jungle urbaine. Il a quatre pattes griffues, des dents acérées, une vue perçante, et son agilité est légendaire. Tremblez, petits rongeurs! Fuyez, oiseaux insouciants! Le chat domestique est en chasse. Le combat est inégal, car le prédateur a un allié de taille... vous!

Il existe un lien démographique étroit entre les proies et leurs prédateurs, très bien illustré par les **oscillations synchrones** des densités de populations des lynx et des lièvres dans le Nord canadien depuis plus d'un siècle. Lorsqu'il y a beaucoup de lièvres, les lynx mangent à leur faim et peuvent se reproduire, ayant assez de nourriture pour permettre à leurs petits de survivre et de grandir. Au fur et à mesure que les populations de lynx augmentent, la **pression de prédation** sur les populations de lièvres s'élève. Cela entraîne au bout d'un certain temps une diminution des populations de lièvres. Les lièvres se faisant plus rares, l'accès à la nourriture devient plus difficile pour les lynx, qui sont alors sujets aux maladies et à la famine : leur nombre diminue. Comme la pression de prédation diminue en conséquence, les populations de lièvres s'accroissent peu à peu, et le cycle peut recommencer.

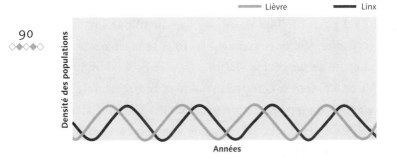

En somme : moins de proies, moins de prédateurs ; moins de prédateurs, plus de proies ; plus de proies, plus de prédateurs ; plus de prédateurs, moins de proies, etc. La prédation préserve l'écosystème des ravages que les proies provoqueraient par leur trop grand nombre, mais les proies ont l'assurance que si elles deviennent trop rares, le prédateur connaîtra la famine.

C'est l'évolution parallèle des espèces dans un écosystème donné qui a créé ce lien démographique, et celui-ci est loin d'être à toute épreuve. Dérégler ce rapport mutuel peut avoir des conséquences catastrophiques :

l'introduction de la mangouste sur l'île de la Barbade a réduit à des niveaux critiques le nombre de tortues capables d'y pondre des œufs ; de même, l'extermination des loups a permis l'explosion démographique des cervidés à l'échelle de l'est de l'Amérique du Nord. Un phénomène similaire est à l'œuvre dans le secret des ruelles et des cours arrières de nos villes, là où le chat sévit.

Les origines d'un prédateur

La domestication du chat par les Égyptiens remonte à six millénaires, mais ce sont les Grecs qui l'ont introduit en Europe. À cette époque et jusqu'à très récemment, on appréciait d'abord leurs qualités de chasseurs de vermine. Toutefois, le développement de méthodes alternatives de contrôle des rongeurs nuisibles les a fait passer du statut de trappe à souris sur pattes à celui, plus confortable, de véritables compagnons de vie.

Le chat vit maintenant dans des conditions où la nourriture est abondante et provient régulièrement du garde-manger de ses maîtres plutôt que de la chasse. Mais il n'a pas pour autant abandonné un comportement entièrement indépendant de sa faim. Rachitique ou grassouillet, le chat chassera toujours.

Un appétit d'oiseaux

En Grande-Bretagne, les 1 000 chats suivis lors d'une étude récente ont capturé en un an plus de 14 000 petits animaux, dans une proportion de trois rongeurs pour un oiseau, ce qui équivaut à 275 millions de proies par année à l'échelle de ce pays.

Au Québec, la Société pour la prévention de la cruauté envers les animaux estime à 1,6 million le nombre de chats errants et à 1,2 million celui des chats domestiques appartenant à un foyer (près d'un foyer sur trois héberge au moins un chat). La majorité de ces chats se retrouve en zone urbaine. On peut estimer à près de 30 millions le nombre de proies capturées annuellement par des chats au Québec seulement. À l'échelle continentale, l'impact de ces petits fauves sur la faune ne peut que se chiffrer à plusieurs centaines de millions de captures de petits mammifères et d'oiseaux !

La prédation féline est potentiellement catastrophique, dans la mesure où le chat est une **espèce introduite** contre laquelle les populations indigènes de mammifères et d'oiseaux n'ont que peu ou pas de défenses. Mais le plus dangereux dans cette situation, c'est sans doute l'alliance tacite entre les chats et les humains qui donne aux premiers un avantage considérable sur leurs proies.

Un fauve entretenu

Les chats domestiques, parce qu'ils sont nourris et protégés, échappent au **contrôle démographique** que leurs proies exerceraient sur eux, à l'ajustement naturel du nombre de prédateurs en fonction du nombre de proies disponibles. Dispensé de ce mécanisme d'autorégulation, le chat a le pouvoir d'anéantir ses populations de proies.

Jouissant d'une protection contre la faim, mais aussi contre les maladies, la prédation, la compétition et le froid, les populations de chats peuvent atteindre des

densités considérables. Même si le nombre de ses proies vient à chuter considérablement, minou n'aura qu'à rentrer à la maison pour trouver un bol de croquettes savoureuses. Il sera alors à l'abri du sort habituellement réservé aux prédateurs naturels en manque de proies : les combats avec les autres prédateurs, la maladie, la famine et, souvent, la mort.

Certains se diront, en voyant leurs mangeoires visitées par une multitude d'oiseaux, que la situation ne doit pas être si alarmante. Attention ! Il faut aussi prendre en compte l'espèce des volatiles voraces perchés à nos mangeoires. En ville, on y retrouve surtout des oiseaux **introduits** ou **exotiques** (pigeons, moineaux domestiques, étourneaux sansonnets) et très peu d'oiseaux **indigènes** (bruants, passereaux).

Une étude américaine a montré que la présence du chat domestique est liée à la diminution des espèces indigènes de rongeurs et d'oiseaux. En fait, lorsque le chat domestique est présent, ces espèces sont remplacées par des espèces exotiques. Parmi les espèces les plus touchées, on retrouve les espèces nichant ou se nourrissant au sol. À long terme, la prédation par les chats pourrait même mener à l'éradication de plusieurs espèces indigènes de rongeurs et d'oiseaux.

Sauve-souris ?

Le chat domestique fait partie de la vie de plusieurs d'entre nous (ornithologues compris), et il fait surtout partie de notre écosystème urbain. Il est donc là pour rester, et c'est bien ainsi. Cependant, il existe une solution pour réduire son impact négatif sur la faune urbaine : garder les nouveaux chatons à l'intérieur, et leur fournir des jouets qu'ils pourront « chasser » dans la maison. De cette manière, en grandissant, ils ne seront pas intéressés à sortir chasser à l'extérieur.

Pour ce qui est des chats adultes qui ont pris goût à la liberté des grands espaces, il est toujours possible de tenter la transition graduelle qui les transformera en prédateurs de salon. Mais cela n'est pas toujours possible. Rappelez-vous alors que les colliers à clochettes ne sont pas efficaces. Il serait préférable de ne pas trop laisser la bête vagabonder la nuit dans le voisinage, car c'est durant cette période que les rongeurs sont le plus actifs. *Émilie Lantin*

Pigeonville

De la Place d'Armes à Times Square, de la Grande Allée aux canaux de Venise, ils sont toujours les mêmes dans leurs complets couleur de macadam, à squatter les édifices abandonnés, les corniches, les parcs et les bouches de métro. Pour les uns, ce sont des démunis qu'il faut nourrir, pour les autres, des rats ailés dont il faut se débarrasser. Ils se répartissent ici et là dans notre écosystème urbain, tantôt nombreux, tantôt rares. Explorer les facteurs qui gouvernent leur distribution dans nos quartiers, c'est retrouver les préoccupations de l'écologie fondamentale : la répartition et l'abondance des êtres vivants.

Il est assez facile de constater que les vivants ne sont pas répartis uniformément sur la planète. Si vous y regardez de près, vous remarquerez par exemple que les brins d'herbe forment des petites parcelles à l'intérieur d'une pelouse en apparence uniforme, et que les pelouses sont elles-mêmes séparées par des espaces sans pelouse. Les animaux ne sont pas non plus répartis uniformément. Mais, contrairement aux plantes, ils peuvent se déplacer : leur distribution résulte de leurs choix, de leurs comportements. L'**écologie comportementale** est donc partie prenante de l'étude de la répartition et de l'abondance des animaux.

Les pigeons se retrouvent surtout dans les agglomérations urbaines et sont absents de la plupart des autres écosystèmes majeurs. Ils ne se répartissent pas uniformément dans la ville. Prenons le cas de Montréal : on peut en observer une cinquantaine au Square Bethune, coin de Maisonneuve et Guy, peut-être une vingtaine sur les pelouses du campus de l'Université McGill, une centaine au Square Cabot, coin Sainte-Catherine et Atwater, et des milliers au port, près des meuneries du quai Bickerdike. Quels facteurs peuvent bien intervenir qui expliquent cette distribution parcellaire ? Ces facteurs régissent-ils aussi la répartition des morues dans les Grands Bancs, des ours noirs dans le parc de La Vérendrye et des oies blanches dans la vallée du Saint-Laurent ?

Qui sont les pigeons de nos villes ?

Ces pigeons qui flânent hiver comme été, lisant et relisant les inscriptions au pied des monuments, sont issus du bassin méditerranéen où, domestiqués dès l'Antiquité, ils servaient à nourrir la noblesse jusqu'à l'introduction du coq et de la poule. Ils faisaient aussi des messagers efficaces, puisqu'il suffisait de transporter avec soi quelques individus tirés du colombier du destinataire pour qu'un message lui soit livré par la voie des airs, par un oiseau n'ayant d'autre intention que de rentrer chez lui. Ils servaient et servent encore aux courses, enjeux d'honneur et parfois de paris importants. Enfin, les pigeons servaient aussi au plaisir des éleveurs, qui s'amusaient à produire par croisements les formes et les couleurs les plus extravagantes. Aujourd'hui, ceux qui vagabondent dans la grisaille de la cité sont les descendants de tous ces oiseaux égarés pendant une course, ou évincés des colombiers pour n'avoir pas exhibé le caractère prisé.

Les bénéfices et les coûts de la vie en groupe

On voit rarement un pigeon seul. On le rencontre parfois en couple car il est **monogame**. Mais, plus souvent, on observe les pigeons en petits groupes, car ce sont des animaux grégaires qui nichent en colonies. Certains attribuent cette préférence aux avantages évolutifs que peuvent tirer ces animaux de la proximité des autres. La vie en groupe peut, par exemple, permettre la détection rapide d'un danger, ou la dilution des risques d'être la victime d'un prédateur. Tous ceux qui ont eu le plaisir d'observer une volée de pigeons tournoyant dans les airs avec un synchronisme parfait seront en mesure d'apprécier la difficulté qu'éprouverait un prédateur à en attraper un seul. Vous auriez le même problème en tentant d'attraper une balle si on vous en lançait une dizaine en même temps. Mais si ces **bénéfices** anti-prédation peuvent expliquer les groupes, ils n'expliquent pas pourquoi l'on se retrouve avec 100 pigeons au Square Cabot

99

et 20 sur les pelouses de McGill. La cause de la variation est ailleurs, dans les **coûts** de la vie de groupe.

La plupart des coûts du **grégarisme** sont des variations sur le thème de la compétition pour des ressources limitées (nourriture, sites de nidification, partenaires sexuels). En effet, plus il y a d'individus dans le même endroit, plus la part obtenue de chaque ressource diminue. La variation dans la quantité de ressources disponibles d'un endroit à l'autre pourrait donc expliquer la variation de la taille des groupes. C'est le principe qui a été élaboré dans les années 1970, et qu'on nomme la **théorie de la distribution libre idéale**, de l'anglais *ideal free distribution*.

Les pigeons sont-ils des animaux idéaux et libres ?

Une petite expérience à faire avec un ou deux amis pourra aider à répondre à cette question. Préparez une quantité de nourriture facile à distribuer et à compter : un pain tranché rassis fera l'affaire. Trouvez un site pourvu d'une population de pigeons raisonnable, qui vous permette de les dénombrer facilement. Attirez les pigeons en lançant quelques dés de pain au sol. Les pigeons ont faim tôt le matin ou plus tard, en fin d'après-midi. Si cela fonctionne, vous êtes prêts à commencer.

Répartissez la nourriture également entre vous et votre partenaire, et placez-vous à quelques mètres de distance l'un de l'autre. Si vous êtes trois, le troisième se place en retrait, afin de dénombrer les pigeons que vous attirerez et de consigner ces observations dans un cahier. Lancez vos dés un à un, selon un rythme dont vous aurez convenu d'avance, par exemple un dé à toutes les cinq secondes. Vous et votre ami formez maintenant deux habitats dans lesquels se répartiront les pigeons.

Si vos pigeons sont libres et idéaux, ils devraient se répartir également entre vous, en fonction de la richesse de l'habitat : la quantité de dés de pain. Notez le nombre de pigeons dans chacun des habitats à intervalle de 30 secondes, et vous verrez qu'en une minute ou deux, les pigeons se seront répartis suivant un **ratio** correspondant au ratio des **taux** auquel vous et votre ami lancez vos dés de pain. Si à un moment convenu, votre partenaire double son taux par rapport au vôtre, la répartition des pigeons changera et en arrivera en quelques minutes à un ratio d'environ 2 : 1 en sa faveur. Vous pourrez ensuite inverser le rapport de qualité des habitats et noter le temps que les pigeons mettront à se rééquilibrer.

J'ai fait cette expérience plusieurs fois avec des étudiants de mes cours d'écologie comportementale, et chaque fois, nous étions impressionnés de constater à quel point les pigeons étaient en mesure de se répartir exactement selon les prédictions de cette théorie.

Du parc à la ville ?

Les pigeons semblent donc se conformer à la théorie de la distribution idéale libre à l'échelle d'un parc. Mais cette même théorie peut aussi s'appliquer à plus grande échelle, pour peu que les pigeons demeurent libres et idéaux. Bien sûr, le pigeon d'un centre-ville ne connaît pas tous les habitats disponibles. Néanmoins, mes recherches au centre-ville de Montréal indiquent que chaque individu est membre de plusieurs groupes qu'il visite successivement. Un individu peut très bien passer le matin à McGill, l'après-midi au parc Lafontaine puis la soirée à la Place des Arts. Chaque individu possède un itinéraire distinctif, qui le mène à heures plus ou moins fixes d'un groupe à l'autre. Sans connaître tous les sites de la ville, il est clair que les pigeons en fréquentent plusieurs et ont ainsi la possibilité de connaître la disponibilité des ressources à l'échelle locale.

Les pigeons sont aussi « libres ». Bien qu'on puisse être témoin de querelles, ces disputes ne concernent pas l'adhésion à un groupe. Les pigeons ne se concertent pas pour évincer un membre du groupe ou même pour empêcher un nouveau venu de s'y joindre. Dans les faits, donc, les pigeons sont idéaux et libres à une échelle locale. Dans ce cas, le nombre de pigeons observés à chacun des lieux qu'ils fréquentent reflèterait nécessairement la quantité de nourriture qui y est déversée quotidiennement.

Des pigeons aux viaducs?

Appliquons la distribution libre idéale aux mangeoires d'oiseaux d'un quartier. Si vous augmentez la quantité ou la qualité de la nourriture à votre mangeoire, quel effet prévoyez-vous sur la répartition des oiseaux? Pensez-vous avoir eu un effet sur la quantité de nourriture ingérée par oiseau? La théorie prédit l'arrivée rapide de nouveaux dîneurs, de sorte que ceux qui picorent à votre mangeoire de luxe obtiendront vite le même gain que ceux qui visitent en moins grand nombre la mangeoire de votre voisin moins généreux.

On peut appliquer cette façon de penser à tous les problèmes de répartition. La répartition des autos entre les voies d'accès à une ville dépend par exemple de la capacité de chacune de ces voies. Est-il possible d'imaginer qu'une entrée en ville sera plus rapide si les automobilistes sont libres et idéaux, donc informés ? Est-ce pour cette raison qu'on affiche maintenant des renseignements sur l'état des autoroutes (la qualité des habitats !) ? On pourrait aussi appliquer le principe de la distribution idéale libre au choix de la file aux caisses d'un supermarché : faut-il ou non changer de voie ? Plus vous y penserez, plus vous verrez les multiples applications de cette théorie. Songez aussi que les mêmes principes s'appliquent à la répartition de tous les animaux… tant et aussi longtemps qu'on peut supposer qu'ils sont libres et idéaux. *Luc-Alain Giraldeau*

La distribution idéale libre

Cette théorie simplifie le monde à l'extrême, un peu comme les premiers physiciens qui imaginaient un pendule parfait, sans friction ni résistance. Cette simplification ne veut pas dire que les physiciens croient que les pendules parfaits existent, mais seulement qu'il est plus simple d'en comprendre les principes pour mieux comprendre les vrais pendules.

Les écologistes utilisent la même approche. Dans le cas précis de la répartition des individus, ils imaginent des animaux idéaux, possédant une information parfaite et complète sur la valeur des habitats disponibles, et qui soient parfaitement libres d'occuper le meilleur site. Si on permet aux individus idéaux et libres de se répartir parmi les habitats afin que chacun maximise son gain, on aura une répartition finale où aucun individu ne pourra changer d'habitat sans y perdre au change. Les individus seront alors répartis selon la distribution idéale libre, et leur nombre dans chacun des habitats sera proportionnel à la richesse des ressources de celui-ci : un monde idéal, quoi !

Bêtes pas bêtes

Pour une fois, deux pigeons se sont écartés du groupe, et discutent au rebord de la fenêtre d'un musée. L'un des deux s'exclame, enthousiaste:
– J'adooooore ce tableau de Picasso.
L'autre rétorque, catégorique:
– Vous faites erreur mon cher, c'est un Monet!
– Mais non, mon vieux, vous divaguez...
– Mais si, voyons!

Tiré par les plumes, ce dialogue? Pas tant que ça! Des chercheurs au Japon ont démontré que les pigeons peuvent faire la différence entre les œuvres de ces deux artistes. La capacité visuelle du pigeon et ses **aptitudes mentales** lui permettraient de percevoir les distinctions, de les mémoriser, de former des catégories mentales et de donner une réponse appropriée (picorer un bouton-poussoir, par exemple), et même d'étendre ces catégories à des tableaux qu'il n'avait jamais vus auparavant.

La critique d'art n'est cependant pas la première activité du pigeon ; cette capacité de **catégorisation visuelle** lui sert plutôt à distinguer les particularités de sa nourriture, de ses congénères et de son habitat. Au fil du temps, les demandes spécifiques de son environnement ont sans doute contribué à façonner cette habileté. En fait, tous les animaux ont une vie mentale bien remplie qui leur permet de réagir aux particularités de leurs conditions de vie. Mais évidemment, comme ils ne parlent pas, on doit observer les manifestations non verbales de cette intelligence.

Animal mental

Mais peut-on vraiment parler d'*intelligence* chez les animaux? Chez tous les animaux? Si oui, est-il possible d'étudier l'évolution de cette intelligence? Dans un premier temps, il faut d'abord définir ce qu'on entend par « intelligence ». L'Office québécois de la langue française évoque la « capacité de résoudre des problèmes et de s'adapter à des situations nouvelles ».

Or, nul besoin de fouiller très loin pour voir que les animaux peuvent faire cela. Qui n'a pas entendu parler, par exemple, de l'histoire du chien qui a retrouvé son chemin alors qu'il s'était égaré à des kilomètres de sa niche, ou encore vu les trésors d'astuce que déploie l'écureuil pour trouver le moyen de chaparder le contenu d'une mangeoire d'oiseaux?

107

On pense comme on peut

Il faut toutefois rester prudent dans l'interprétation de ces actions. Nous avons tendance à attribuer aux animaux des sentiments, des émotions et des intentions qui sont propres à l'humain : c'est l'erreur de l'**anthropomorphisme**. La vie d'un animal doit être dissociée du point de vue humain, ce qui rend très difficile l'établissement d'une « échelle d'intelligence » qui permettrait de comparer des otaries et des brebis ou encore des sangliers et des fourmis. Alors comment faire pour mesurer l'intelligence animale?

Pour commencer, il faut distinguer divers processus mentaux, ou **cognitions**, qui composent l'intelligence, et tenter de les évaluer individuellement. Par exemple, le fameux test du quotient intellectuel veut évaluer entre autres facultés notre capacité de mémorisation, de compréhension et d'organisation spatiale. Pour évaluer ces facultés chez les animaux, il est nécessaire de créer des tests distincts, adaptés à chaque espèce. Il faut d'abord cibler une question, puis tenter de créer une situation en laboratoire ou en milieu naturel qui permettra à l'animal d'y répondre. Ces tests peuvent nous donner une idée de l'étendue des habiletés cognitives d'un animal telles qu'elles se manifestent dans un contexte donné. Voici quelques exemples de questions tirés de situations que l'on peut rencontrer en ville :

Comment le colibri reconnaît-il les mangeoires les plus généreuses ?

Est-ce qu'il utilise des indices comme la couleur de la mangeoire, sa forme ou sa position par rapport à la maison ou à la source de nourriture ? En fait, les colibris **encoderont** – percevront et mémoriseront – les trois indices (couleur, forme, position), mais ils s'en serviront par ordre de préférence. La position de la mangeoire sera le premier indice qu'ils utiliseront. Si vous déplacez la mangeoire, le colibri ira vraisemblablement virevolter à l'endroit où elle était située avant d'aller visiter le nouvel endroit. Si l'information quant à la position n'est plus disponible, il se fiera aux caractéristiques physiques de la mangeoire et finalement, en dernier recours, il aura recours aux couleurs.

Comme le colibri se nourrit essentiellement du nectar de fleurs immobiles, l'usage prépondérant de la position spatiale comme indice visuel est logique, puisque la position est nettement moins variable que les couleurs et la forme.

Le bourdon croisé au parc a-t-il la moindre parcelle d'intelligence ?

Les insectes sont si petits que nous avons tendance à penser qu'ils n'ont aucune faculté mentale. N'en soyons pas si certains ! Les bourdons, par exemple, sont d'incroyables décodeurs visuels. Ils peuvent apprendre à distinguer une fleur de votre jardin qui regorge de nectar d'une fleur qui n'en a plus sur la seule base de sa forme. Ils peuvent même faire cette distinction si la moitié de la fleur n'est plus visible ou si elle a changé d'orientation.

Cette souplesse dans le processus de reconnaissance permet une recherche de nourriture beaucoup plus efficace. On peut se douter qu'historiquement, cette habileté a émergé en réponse à un environnement diversifié et dans le but d'optimiser la cueillette de nectar. Ainsi, un insecte avec un **ganglion cervical** aussi petit qu'une tête d'épingle (et pesant environ 1 mg) est capable de distinguer d'infimes détails et de savoir quelle fleur lui procurera le plus de nourriture.

Mon chien a-t-il une bonne mémoire à court terme ?

Voici un test à faire pour vérifier la capacité de mémoire d'un chien : présentez-lui un objet (un os de plastique, une balle, un facteur en caoutchouc, au choix). Ensuite, cachez l'objet derrière l'une de quatre boîtes placées devant lui. Faites-le ensuite patienter pendant 0, 30, 60, 120 ou 240 secondes derrière un grand écran opaque avant de le laisser rechercher l'objet. Vous découvrirez que même après quelques minutes, le chien se souvient assez bien de la cachette de l'objet. Le fait qu'il recherche l'objet après le délai montre qu'il garde en mémoire une sorte de représentation de l'objet, c'est le concept de la **permanence de l'objet**.

Chez l'enfant, la capacité à se représenter un objet disparu n'apparaît que vers l'âge de deux ans. Pour un chien comme pour les autres canidés (loup, coyote, renard et chacal), cette habileté est très utile pour chasser, puisque pendant la poursuite, les proies peuvent très bien disparaître momentanément derrière des obstacles comme un buisson ou une colline. Même si notre chien domestique chasse plus souvent les balles de tennis que son repas, ses ancêtres lui ont transmis cette habileté.

La matière grise après Darwin

De façon globale, les capacités mentales de l'animal lui permettent de s'orienter et de se déplacer efficacement dans son environnement. Il utilise l'information qu'il perçoit pour se nourrir, s'abriter, élever ses petits et les nourrir. Comme on s'en doute, cependant, il existe des différences énormes entre les facultés mentales des diverses espèces, entre les sous-espèces et même entre chaque individu. Il faut savoir les prendre en considération si l'on veut bien comprendre le fonctionnement et l'évolution de ces facultés. Il ne faut pas oublier non plus que chaque animal, comme chaque personne, est unique et qu'il est le résultat d'une combinaison entre son bagage génétique (présent à la naissance) et l'apprentissage qu'il fait en répondant aux différentes conditions de son environnement.

Comment les animaux en sont-ils venus à développer des habiletés mentales aussi diversifiées? On peut non seulement supposer que les caractéristiques physiques des êtres vivants se modifient en fonction des contraintes de l'environnement, mais aussi que les habiletés mentales, les mécanismes à l'origine des comportements, sont aussi affectés par la pression de ces contraintes. En fait, le mystère n'est pas entièrement résolu et les écologistes ont un beau défi à relever pour élucider l'énigme que constituent les mécanismes de l'évolution de ces facultés.

En attendant, plusieurs chercheurs orientent leurs efforts vers l'étude de la **cognition animale** : la façon dont les animaux captent l'information de l'environnement à travers leurs sens, traitent cette information avec leur **système nerveux central** (le cerveau) et modifient leurs comportements en fonction des données extraites. Beau programme! *France Landry*

Ouste!

En forêt plus souvent qu'en ville, il arrive au promeneur d'entendre soudain les cris stridents d'un
écureuil mécontent, cherchant à chasser un intrus
de son territoire. Qu'il s'agisse d'un autre écureuil
ayant passé outre la frontière savamment délimitée
par le premier ou de l'humain insouciant déambu-
lant le cœur léger et bucolique, les vociférations du
maître des lieux impressionnent. Qu'on le sache: le
territoire est bien gardé.

Chez l'animal, il existe au moins trois types de territoires :
les **territoires d'alimentation**, les **territoires de reproduction** et les **territoires tout usage**. Les colibris, par exemple, défendent un territoire d'alimentation pendant leur
migration, territoire qui ne sert qu'à conserver un accès
exclusif aux fleurs dont ils tirent le nectar. Le goéland, lui,
défend un minuscule territoire de reproduction, au beau
milieu d'une colonie. Il n'y trouve pas de nourriture,
mais tout juste l'espace nécessaire pour construire un nid
qu'il défend farouchement contre l'intrusion de voisins

parfois cannibales. Enfin, plusieurs animaux défendent des territoires qui servent tant à protéger leur nid qu'à se nourrir. C'est le cas de l'**écureuil gris**.

Le rôle fondamental du territoire tout usage est de permettre à l'animal d'y combler tous ses besoins essentiels, afin d'assurer sa survie et celle de sa descendance :

En premier lieu, il faut un **abri** : l'écureuil se construit communément un nid à l'aide de feuilles et de brindilles, dans le creux d'une haute branche, dans une cavité naturelle d'un tronc ou dans le trou abandonné d'un pic.

Ensuite, il faut **manger**. Les arbres sont la principale source de nourriture dans le cas de l'écureuil. Celui-ci se régale en effet des noix, graines, semences et autres fruits provenant des arbres. Bien qu'il arrive que des insectes, œufs, oisillons ou petits amphibiens lui servent de collation, il demeure essentiellement granivore.

Finalement, il faut **se reproduire**. Un animal en éprouvera tôt ou tard le désir, et devra donc avoir accès à des partenaires potentiels. Pour certaines espèces, il faudra trouver un lieu convenable pour élever la progéniture ; la femelle écureuil, quant à elle, utilisera son nid habituel.

La quantité de ressources dans l'espace, leur **densité**, influe sur la taille du territoire. La **densité effective** des ressources est liée à leur qualité. Ainsi, certaines noix à forte teneur énergétique sont souvent éparpillées à peu d'exemplaires, quand d'autres sont plus communes, mais moins nourrissantes… Toujours est-il que tant que les besoins de l'écureuil sont comblés à l'intérieur de certaines limites, il n'a pas besoin d'en sortir.

Dans une forêt dense, où les arbres sont rapprochés les uns des autres, le territoire de l'écureuil est plutôt petit, car moins de déplacements sont requis pour trouver de la nourriture : tout déplacement engendre une dépense énergétique, et limiter ses mouvements permet d'optimiser le profit de la collecte de ressources. De plus, si la distance à parcourir est plus courte, l'écureuil risque moins de rencontrer un prédateur. Mais la prudence excessive est aussi risquée : il faut quand même sortir un peu, sous peine de souffrir de carences nutritives, ce qui rendrait notre **sciuridé** tout aussi vulnérable à la prédation.

Maître chez soi

Dans certains cas, les limites territoriales paraissent avant tout définies par les interactions avec les voisins de la même espèce. La délimitation du territoire semble résulter de la pression exercée par les compétiteurs ou de conflits entre les individus déjà établis et de nouveaux arrivants. Ce qui caractérise un tel système est le degré de **territorialité** exhibé par l'espèce.

Une espèce dont les territoires ne sont pas contigus ou se chevauchent, où les voisins sont donc soit très éloignés, soit bien tolérés, est peu territoriale. Le coût de défense et de maintien du territoire est minime, et il est facile d'ajuster la surface du territoire aux besoins du moment.

Par contre, lorsque les territoires des voisins de même espèce sont contigus et ne se chevauchent pas, les individus défendent farouchement leur bien acquis contre les compétiteurs. Même si la disponibilité des ressources varie de façon saisonnière, et qu'à certains moments il serait possible de combler ses besoins dans une aire restreinte, un individu territorial continuera à protéger un grand espace en prévision du moment où les ressources redeviendront moins abondantes.

Mais la compétition entre voisins restera en fait toujours liée à la densité des ressources. Dans des conditions de densité de population élevée, les territoires de chacun sont forcément plus petits, et font l'objet de conflits ; pour que la situation soit viable, il faut que les ressources abondent. Inversement, lorsque la densité des ressources est faible, la densité des individus l'est aussi, et il est moins nécessaire de protéger son territoire. Finalement, tout est question de rentabilité des investissements et d'équilibre budgétaire.

Bon voisinage, en saison

Les écureuils gris sont normalement peu territoriaux ; ils se tolèrent les uns les autres, à condition que les voisins n'empiètent pas trop sur leur propriété. Ils sont cependant particulièrement jaloux d'une portion de leur territoire située plus ou moins au centre, appelée le **noyau** ; mais les périphéries des territoires contigus se chevauchent couramment sans qu'il y ait de conflit.

La situation est très différente durant la saison de reproduction, à la fin de l'hiver et au printemps, quand la compétition entre individus de même sexe devient très forte. Les mâles font la course aux femelles, qui ne sont pas réceptives très longtemps et ne le sont pas toutes en même temps. Plusieurs prétendants gravitent donc autour des mêmes demoiselles, multipliant les occasions d'affrontements, les rivaux devant être repoussés afin de s'assurer l'exclusivité de la conquête. Ces messieurs ont donc avantage à entretenir un territoire d'une taille qui leur donne accès au plus grand nombre possible de concubines potentielles.

Les futures mères aussi sont compétitives entre elles, souhaitant procurer à leurs rejetons le meilleur territoire, contenant le plus de nourriture facilement accessible.

Le **taux de reproduction**, le nombre de jeunes qui, pour une femelle donnée, survivent jusqu'à l'âge adulte, est plus élevé lorsque la nourriture est abondante, car une mère bien nourrie engendrera un plus grand nombre de petits, qui seront eux aussi plus vigoureux. Le choix du territoire est donc primordial pour assurer la pérennité familiale.

La trêve urbaine

En ville, la notion de territoire est assurément plus vague. D'une part, les écureuils peuvent vaquer à leurs occupations sans trop s'inquiéter des prédateurs. En plus de cette relative tranquillité, la ville est riche de superbes occasions gastronomiques. Les arbres des parcs fournissent bien quelques graines, mais les poubelles, elles, regorgent de déchets succulents. Et n'oublions pas ceux d'entre nous qui se laissent attendrir par le regard humide de ces petits rongeurs, et les gavent d'arachides et d'autres douceurs. Cet apport de nourriture trouble le comportement habituel de l'animal : en ville, on peut souvent apercevoir plusieurs écureuils sur le même arbre, situation qui ne se présente pas, ou très rarement, à la campagne ou en forêt.

L'instinct territorial et compétitif est donc presque annihilé dans un milieu où la question de l'accessibilité des ressources ne se pose même pas. Une preuve de plus que la territorialité d'une espèce n'est souvent pas un caractère fixe, mais bien le résultat d'un compromis entre les coûts et les bénéfices liés à l'usage exclusif d'un espace donné. *Simon Bilodeau Gauthier*

Banni de ses foyers

Le martinet ramoneur occupe une niche écologique singulière, et très urbaine. Bien que cette espèce ait pu nicher, jadis, dans les vieux arbres creux typiques des forêts précoloniales, la population de martinets ramoneurs dépend maintenant de la présence de cheminées pour sa nidification. Mais voilà que celles-ci se font, à leur tour, de plus en plus rares...

Le martinet ramoneur (*Chaetura pelagica*) est le seul représentant des **Apodidés** à nicher au Québec. Répartis en près de cent espèces autour du globe, les membres de cette famille se distinguent par leurs longues ailes pointues, arquées vers l'arrière qui, jumelées à leur forme aérodynamique, font d'eux des experts du vol libre. Ces chasseurs exclusivement aériens passent la plus grande partie de leurs journées à capturer les insectes, généralement haut dans le ciel. Leurs pattes sont très peu développées et leurs doigts sont minuscules. C'est d'ailleurs cette caractéristique qui a valu à cette famille le nom latin *Apodidae*, qui signifie « sans pied ».

Par ailleurs, et c'est à cet aspect de sa niche écologique qu'il doit son nom d'usage, le martinet ramoneur possède plusieurs adaptations qui semblent le prédestiner à s'accrocher aux parois internes des cheminées. Tout comme les chauves-souris, ses griffes sont très pointues et recourbées, ce qui lui permet de bien s'agripper aux parois rugueuses. Dans les plumes de la queue, la partie rigide, appelée **rachis**, est plus longue, ce qui donne un appui supplémentaire à l'oiseau lorsqu'il est perché, caractéristique partagée par les pics. De plus, les nids des martinets sont constitués de brindilles que les oiseaux fixent directement à la paroi verticale à l'aide d'une salive adhésive, la même qu'utilisent leurs cousins du sud-est asiatique, les salanganes à nid blanc. Malheureusement pour ces dernières, leurs nids sont récoltés en quantités excessives pour faire la célèbre « soupe aux nids d'oiseaux » appelée souvent à tort « soupe aux nids d'hirondelles ».

Malgré ces prédispositions citadines, le martinet ramoneur était jadis en mesure de combler ses besoins écologiques en milieu forestier. Avant l'arrivée des Européens en Amérique, les martinets s'abritaient dans diverses structures verticales naturelles : crevasses rocheuses, grottes, et, surtout, arbres creux. La décomposition du bois, en s'attaquant au cœur des gros arbres, crée de véritables cheminées naturelles qui, croit-on, auraient constitué le réseau de nichoirs et de dortoirs de l'époque. Les gros arbres se raréfiant avec la coupe forestière, les martinets ont dû se rabattre sur des structures artificielles : puits, silos, bâtiments de ferme et, bien sûr, cheminées.

Un locataire exigeant

Malgré l'apparente profusion de cheminées dans les milieux urbains et ruraux, seule une fraction d'entre elles possèdent les caractéristiques propices à la nidification. D'abord et avant tout, afin d'éviter d'être brûlés vifs, les martinets devront trouver une cheminée inutilisée. Mais ces oiseaux sont sensibles au froid, et semblent bénéficier de cheminées encore ouvertes à leur base et

121

reliées aux bâtiments inférieurs, ce qui crée un appel d'air chaud ascendant. En outre, seules les cheminées assez larges pourront être utilisées : à moins de 30 cm de diamètre, les oiseaux risquent de rester coincés. Dernier caprice, les martinets auront tendance à sélectionner les cheminées à proximité des plans d'eau, tirant parti de la relative abondance d'insectes aux environs.

Et des cheminées, il en faut beaucoup ! Les plus grosses d'entre elles sont utilisées par les martinets comme **dortoir** lors de leur arrivée printanière et, une fois les jeunes émancipés, à la fin de l'été. Bien qu'il arrive qu'une cheminée soit utilisée à la fois comme dortoir et site de nidification, la cheminée familiale n'abrite habituellement qu'un seul couple nicheur, généralement fidèle à son logis. Par conséquent, la quantité de cheminées disponibles est une **contrainte** importante qui limite la population de martinets ramoneurs.

Le ramoneur broie du noir

Avant l'électricité, la grande majorité des cheminées servaient à la fois au chauffage et à la cuisson, et n'étaient pas disponibles pour les martinets pendant l'été. Seules celles qui ne servaient qu'au chauffage pouvaient être utilisées pendant la période de nidification. Mais, suite à la dégradation de son milieu naturel, la présence de celles-ci a néanmoins permis le maintien de l'espèce.

Ces dernières décennies, cependant, les petites tours qui se découpaient jadis en nombre sur l'horizon urbain disparaissent peu à peu, et voilà que la population du martinet ramoneur, elle, est en chute libre! Ce déclin a ceci de particulier qu'il n'est pas causé, cette fois, par la perte d'un habitat naturel mais plutôt par la disparition rapide de structures artificielles.

Beaucoup de ces cheminées devenues désuètes ont été colmatées ou détruites pour des raisons de solidité et de coût d'entretien. À cela s'ajoute la pose obligatoire, dans plusieurs municipalités, d'un pare-étincelles à l'extrémité de la cheminée et l'installation d'un grillage, recommandée par certains ramoneurs (bipèdes).

Beaucoup de nouvelles résidences ne possèdent pas de cheminées et, quand elles sont présentes, elles sont trop petites et peuvent constituer des pièges mortels pour les martinets qui s'y aventurent. Les cheminées plus imposantes, typiques des gros édifices comme les écoles, les hôpitaux et les bâtiments religieux et industriels sont quant à elles converties au chauffage au gaz naturel. L'opération nécessite l'ajout d'un tuyau métallique dans la cheminée de briques, trop lisse pour permettre aux martinets de s'y accrocher ou d'y fixer leur nid.

Autre facteur important du déclin, alors que le nettoyage des cheminées se faisait traditionnellement à l'automne, l'activité s'étend maintenant sur toute la période estivale. L'extension coïncide malheureusement avec la nidification du martinet, et a pour conséquence directe la destruction des nids et la mortalité des jeunes.

Une lueur au bout de la cheminée ?

Comme d'autres espèces fréquentant les milieux urbains, le martinet ramoneur a su bénéficier des structures mises en place par les humains. Cependant, contrairement à plusieurs animaux qui ont tiré profit de leur capacité d'adaptation ou de leur caractère généraliste, le sort du martinet ramoneur est fortement lié à la présence d'une unique structure artificielle, autrefois abondante mais qui se raréfie peu à peu. Si le nombre de vieux arbres creux venait à augmenter, un retour au milieu naturel serait envisageable. Mais le futur du martinet ramoneur dépendra, en attendant, de la disponibilité des cheminées dans les écosystèmes urbains et ruraux au cours des prochaines décennies.

En ce sens, les vieux quartiers des villes et villages ou les bâtiments religieux encore peu rénovés pourraient être des bastions importants pour le maintien de l'espèce. La sensibilisation des propriétaires hébergeant des martinets permettrait d'éviter le ramonage pendant la période de nidification et de développer des stratégies pour effectuer des travaux de réfection sans détruire le potentiel d'accueil de ces cheminées. Quelques dortoirs au Québec font actuellement l'objet d'ententes avec les propriétaires, ce qui permet de suivre l'évolution de leur fréquentation. Ailleurs en Amérique du Nord, des centres d'interprétation ont même été construits autour de ces cheminées. À ces endroits, les observateurs ont le privilège d'observer, à la tombée du jour, le spectacle fascinant du retour au bercail de ces ramoneurs ailés. *Antoine Nappi*

Lignes de vie

Montréal, 1642. Toute l'île est occupée par la forêt feuillue, mais le fort Ville-Marie s'élève sur la Pointe-à-Callières. C'est le début d'une expansion qui fera inexorablement reculer les arbres, abattus pour les charpentes de maison, pour le chauffage, pour les trottoirs, pour les navires du vieux continent... De nos jours, quelques îlots forestiers subsistent encore à Montréal et aux alentours, une mine d'informations sur la composition de la forêt précoloniale. Il n'existe cependant, dans la région, aucun arbre vivant connu né avant 1700.

Sous nos latitudes, les arbres ne poussent que pendant la belle saison et entrent en **dormance** pour l'hiver. Cette alternance croissance-dormance produit ce qu'on appelle des **cernes de croissance**. Un par année.

Sous l'écorce de l'arbre se cache le **cambium**. C'est cette mince couche de cellules vivantes qui s'activent au printemps pour produire les cellules du bois. Celles qui sont produites au début de l'été sont grosses, avec des parois minces. Elles servent principalement au transport de l'eau. Visuellement, cela donne un bois pâle. Vers la fin de l'été, les cellules sont plus petites, plus foncées et leurs parois sont plus épaisses. Elles servent surtout de support structurel.

Un cerne complet est donc formé d'une zone pâle et d'une zone foncée. Ainsi, l'arbre croît en circonférence parce qu'il accumule chaque année de nouvelles cellules à la périphérie. On peut voir à l'œil nu ces anneaux de croissance sur les souches fraîchement coupées. Seules les cellules des dernières années sont vivantes, la majorité du tronc étant constituée de cellules mortes ; c'est pourquoi les arbres creux peuvent continuer à croître en diamètre.

Il est possible, heureusement, d'observer les cernes sans avoir à abattre les arbres en utilisant un instrument appelé **sonde de Pressler**. On s'en sert pour extraire de l'arbre vivant une petite carotte (un cylindre de 5 mm de diamètre), sur laquelle on peut compter les cernes pour déterminer précisément l'âge de l'arbre. Plus encore : l'étude des cernes annuels permet de dater précisément des événements qu'a connus l'arbre et de reconstruire ainsi le passé environnemental. On appelle cette science la **dendrochronologie** (du grec *dendron* : l'arbre).

Du bois dont on fait la mémoire

La croissance d'un arbre est très liée aux variables climatiques. Une année de mauvaises conditions produira un cerne étroit et une bonne année, un cerne plus large. Mais le climat n'est pas le seul élément à influencer la

croissance. Une épidémie importante d'insectes, en privant l'arbre de ses feuilles, induira un cerne très étroit, voire pas de cernes du tout. Le verglas, les feux, les inondations ou une ouverture soudaine dans la forêt sont autant d'événements enregistrés par les arbres. Tous produiront un **patron de croissance** similaire pour les arbres d'une même espèce dans un même site.

Les données varient en effet beaucoup entre les espèces, et d'un site à l'autre. Un **érable argenté** installé dans une plaine inondable, milieu riche et humide, pourra produire un cerne annuel de 10 à 12 mm, tandis qu'un **thuya occidental**, agrippé à la paroi rocheuse d'une montagne, milieu sec et stressant, produira à peine 1 mm de bois.

Les phénomènes environnementaux majeurs, comme les chaudes années d'**El Niño**, agissent sur la croissance des cernes, mais les événements ponctuels aussi, que l'arbre soit « naturel » ou planté par la ville sur un bord de trottoir. Les gestes qui nous semblent anodins ont parfois des répercussions importantes sur la santé d'un arbre. Un remblai de terre autour du tronc qui prive les racines d'oxygène, un tracteur de déneigement qui blesse l'arbre, le verglas printanier ou une sécheresse prolongée sont autant d'événements qui font que l'arbre puise dans ses ressources accumulées, ce qui provoque une réduction de la croissance annuelle du tronc.

La météo est parfois en retard

Il y a quelques années, une forêt d'un âge et d'une qualité exceptionnelle a été découverte dans la région du

Haut-Saint-Laurent. Nommée le Boisé-des-Muir du nom de ses propriétaires, elle a été préservée de l'agriculture et des coupes forestières depuis des décennies, et bon nombre de ses arbres ont plus de deux siècles.

La croissance de ces arbres, **érables à sucre, hêtres à grandes feuilles** et **pruches du Canada**, a été comparée avec les données climatiques de stations météorologiques environnantes. Il a été possible d'établir que les arbres de la forêt avaient enregistré dans leurs cernes la température et les précipitations observées depuis 1888 à la station météorologique de l'université McGill ! Un cerne plus large s'était formé lorsque les précipitations du mois de juin avaient été abondantes, et un cerne plus étroit apparaissait lorsque les températures des mois de juillet et août de l'année précédente avaient été élevées. En effet, si l'arbre subit une période chaude prolongée à la fin de l'été, au moment où il accumule des réserves pour l'avenir, la croissance de l'année suivante en sera affectée.

129

Fort de cette relation entre les cernes et le climat, il serait maintenant possible de lire dans les cernes datant d'avant 1888 pour découvrir le climat qui accueillit les premiers colons de Montréal. Il y a fort à parier que les hivers étaient plus froids, car les études dendrochronologiques réalisées avec de vieux arbres en Abitibi ont permis d'identifier le **Petit âge glaciaire** qui s'est achevé au milieu du XIXᵉ siècle.

À Montréal comme dans la plupart des villes, les vieux arbres ont pour la plupart disparu. On s'affaire donc, pour étudier le passé, à étudier les poutres qui ont servi à construire les premières maisons. En effet, la **dendroarchéologie,** qui consiste dans ce cas à faire la datation du bois d'œuvre pour reconstruire l'histoire des civilisations est de plus en plus utilisée au Québec. Ces études, que les Européens pratiquent depuis long-temps, nous permettraient de faire le lien avec les textes historiques, puisque les premiers Montréalais ont laissé une bonne documentation derrière eux, notamment en ce qui concerne les années de sécheresse et de mauvaises récoltes. Nous devrions ainsi voir dans les poutres de thuya occidental de l'entrepôt Gillespie (construit en 1841) que le printemps trop sec et les gelées tardives du mois de mai 1710 ont produit un cerne très étroit…

Danielle Charron et Yves Bergeron

Galopins millénaires

Le plus vieil arbre vivant connu sur Terre pousse en Californie. C'est un pin à cônes épineux dont la dendrochronologie a permis d'estimer l'âge à près de 5000 ans. La semence de ce gymnosperme (souvenez-vous!) aura donc germé avant la construction des pyramides d'Égypte; avant l'extinction des derniers mammouths! Le plus vieil arbre vivant connu au Québec a été trouvé par un étudiant sur une île du lac Duparquet, en Abitibi. C'est un thuya occidental de plus de 1000 ans. Mais «âgé» ne signifie pas nécessairement «gros»: ce vénérable ancêtre n'a qu'une trentaine de centimètres de diamètre.

La ville
en entier

Le canari des villes

Des plaques incrustées sur les vieilles pierres tombales aux touffes arrondies couvrant les sols nordiques, les lichens se révèlent à nous sous une multitude de formes et de couleurs. Mais on ne se penchera pas ici sur leur beauté discrète, mais plutôt sur l'information qu'ils peuvent nous livrer sur l'état de santé de notre environnement. Les lichens peuvent coloniser différents milieux, des plus ordinaires aux plus insolites, mais à une condition : que l'air y soit pur. Très instructif, en ville...

Le lichen, que l'on confond parfois avec une mousse, est le fruit d'une **symbiose** entre des algues et un champignon. Le terme symbiose signifie littéralement « vivre ensemble ». Un lichen est formé d'algues prisonnières d'un champignon qui les recouvre et les protège.

Le mystère de la **lichénisation** des champignons et de son évolution n'est pas entièrement résolu. On sait en revanche que plusieurs espèces d'algue unicellulaire peuvent composer un même lichen et qu'une même algue peut se retrouver chez plusieurs autres lichens. Le champignon, quant à lui, est propre à chaque espèce. La classification des lichens est d'ailleurs basée sur l'identification de l'espèce **fongique** qui les compose. Le plus souvent, il s'agira d'un **ascomycète** de petite taille. Les morilles et truffes font partie de cette classe, ainsi qu'une quinzaine d'autres espèces dont les spores mûrissent dans des petits sacs appelés **asques**.

Vivre en bonne entente

Jadis vue comme nuisible, la symbiose qui unit les deux composantes leur est en fait mutuellement bénéfique. Les algues, par le biais de la photosynthèse, fournissent de l'énergie au champignon. Celui-ci, en retour, leur assure protection et maintien grâce à la cuirasse qu'il forme en surface et aux filaments qui s'agrippent au **substrat** (roche, sol ou écorce).

De plus, différentes substances chimiques sont élaborées par le partenaire fongique. On compte plus de 300 de ces substances lichéniques qui jouent plusieurs rôles au sein du lichen : inhiber une multiplication trop rapide des algues, filtrer les radiations lumineuses, protéger les lichens par leurs propriétés antibiotiques ou encore anti-herbivores. Ces substances leur confèrent d'ailleurs des vertus médicinales et cosmétiques dont l'homme tire profit à son tour dans la fabrication de parfums, teintures et antibiotiques.

Quand l'association est bénéfique pour un des deux partenaires au détriment de l'autre, on parle de **parasitisme**. Plusieurs virus, bactéries et champignons qui nous rendent malades entrent dans cette catégorie.

Cependant, sans les protozoaires et les bactéries qui festoient dans leur panse, les bovins ne parviendraient pas à digérer la cellulose des plantes qu'ils ingèrent. On parle donc encore ici de **mutualisme**. On se souvient aussi des **mycorhizes** que forment certains champignons avec les racines des plantes : ils leur permettent de mieux absorber l'eau et les nutriments du sol. Le champignon est récompensé en profitant des sucres et vitamines que produit la plante.

Enfin, lorsque la symbiose profite à l'un des deux partenaires sans nuire ni profiter à l'autre, il s'agit de **commensalisme**. Par exemple, un oiseau construisant son nid dans un arbre pratique une forme de commensalisme. Et les lichens ? Comme souvent, c'est une affaire de point de vue. Un lichen en soi est le fruit d'un mutualisme, on l'a vu, mais l'établissement de celui-ci sur l'écorce des arbres tient plutôt du commensalisme.

Une sensibilité à fleur de peau

Si vous voulez savoir si l'air est de bonne qualité, examinez l'écorce des vieux arbres. Selon le quartier où vous vous trouvez, il y a de fortes chances que des lichens y survivent, heureusement pour nous. Les lichens sont en effet très sensibles à la pollution, au point que dans plusieurs villes du monde, ils sont utilisés comme **bio-indicateurs** de la qualité de l'air.

Les lichens vivent essentiellement des apports en lumière et de l'eau qu'ils puisent directement dans l'atmosphère. Dépourvus de tout système de régulation ou de filtrage, ils absorbent toutes les molécules en suspension dans l'air. Y compris les polluants. En 1986, des milliers de rennes ont dû être abattus en Laponie : les lichens dont ils se nourrissaient contenaient d'énormes quantités d'**isotopes radioactifs** issus de la centrale atomique de Tchernobyl, située à plusieurs milliers de kilomètres de distance.

Le plomb, le fluor et le dioxyde de soufre accumulés dans leurs **thalles** (leur appareil végétatif) peuvent être dosés pour évaluer le type et le degré de pollution dans l'air. À plus ou moins long terme, ces polluants finissent par tuer certaines espèces de lichens. On peut donc cartographier les zones de pollution en notant leur présence ou leur absence d'un lieu.

En 1970, Fabius Leblanc et Jacques De Sloover firent l'expérience de comparer l'abondance des lichens que l'on retrouve sur l'écorce des gros arbres bordant différentes rues et parcs de Montréal. La différence était frappante entre le secteur du Mont-Royal et les zones plus habitées de la ville. Sur la cinquantaine d'espèces recensées au total sur la montagne et en périphérie de la ville, plus de la moitié étaient absentes des zones les plus résidentielles et industrielles. Alors qu'on peut retrouver en moyenne 17 espèces sur un même arbre à la montagne, cette richesse chute à moins de 3 espèces sur les arbres des quartiers résidentiels.

Bien que cette étude date déjà de plus de 30 ans, et même si la technologie nous permet maintenant d'obtenir des données plus précises sur la pollution atmosphérique des villes, la cartographie des lichens permet d'avoir une vue d'ensemble éloquente et peu coûteuse de la répartition géographique de cette pollution. Plusieurs étudiants le redécouvrent d'ailleurs chaque année lorsque, dans leur cours d'écologie, on leur demande de se prêter à l'exercice. Et dans votre quartier, comment se portent les lichens? *Héloise Rheault*

Les espèces indicatrices au service des biologistes

Certaines espèces témoignent mieux que d'autres des changements que subit l'environnement. Il est très long et très lourd de tout inventorier lorsque l'on veut connaître la situation écologique d'un milieu. Voilà pourquoi les biologistes ont souvent recours à différents indicateurs biologiques lorsqu'ils élaborent des stratégies de conservation:

Bio-indicateur: ces espèces réagissent rapidement à une perturbation nuisible à l'ensemble des espèces qui vivent au même endroit. *Les lichens et les amphibiens réagissent rapidement à la pollution atmosphérique ou aquatique.*

Espèce clé: la présence de ces espèces est cruciale pour la survie des autres espèces. *Le castor, en construisant ses barrages, crée de nouveaux habitats plus favorables à d'autres espèces.*

Espèce parapluie: ces espèces fréquentent un très grand territoire pour se nourrir, s'abriter et se reproduire. En protégeant le domaine vital de cet organisme, on s'assure de maintenir les autres espèces moins exigeantes en termes d'habitat. *Le caribou des bois nécessite de grandes étendues de forêt boréale qui sont fréquentées également par plusieurs espèces.*

Espèce rare : un endroit est souvent jugé exceptionnel et doit être protégé lorsque des espèces rares ou menacées y sont présentes. *Le Chevalier cuivré était un poisson commun au Québec au début du siècle. On ne le retrouve plus aujourd'hui que dans les eaux de la rivière Richelieu.*

Espèce vedette : ces espèces ont une certaine valeur économique ou sociale. Il est parfois plus facile de convaincre la population et les autorités de conserver un milieu si des espèces populaires y vivent. *La santé des populations d'orignaux ou de bélugas suscite plus d'émoi auprès du public que celle des insectes, des algues... ou des lichens.*

Un battement d'ailes

La mi-avril, en ville. Il reste encore de la neige cachée çà et là, mais depuis quelques jours, la température s'est adoucie. Sous une vieille feuille, une chrysalide est attachée par des fils de soie. Soudain, elle se fend en deux. Un papillon essaie péniblement de s'en dégager. Il sort d'abord la tête et les antennes. Puis, il s'aide de ses pattes pour extraire son abdomen. Il se prépare à redécouvrir la ville avec des sens dont il ne disposait pas du temps où il n'était encore qu'une chenille.

Durant le long sommeil de l'insecte, sa chrysalide se confondait avec l'environnement, et seul un oiseau bien malin aurait pu la distinguer d'une petite branche. Maintenant, il est à la merci des prédateurs, posé sur son ancien abri, incapable de s'enfuir. Il ne s'agit pas encore d'un beau papillon prêt à virevolter ; il ressemblerait plutôt à une boulette de papier froissé. Ses ailes toutes fripées vont tout doucement se déployer et sécher. Après environ une heure d'efforts et de patience, une éternité, c'est l'envol.

Ses ailes ont près de 42 mm d'envergure. Elles sont blanches avec trois petites taches noires sur le dessus. C'est une femelle. Ce papillon très commun, vous l'avez certainement déjà vu en ville : c'est la piéride du chou (*Pieris rapae L.*).

Une piéride adulte peut en théorie parcourir un peu plus d'un kilomètre dans une journée. Mais on aura peu de chance de la retrouver aussi loin de son point de départ : elle aura sans doute volé dans une rue, été forcée de rebrousser chemin, aura tourné à gauche, viré à droite… Quand on veut prévoir la distance que fait un papillon dans une journée, il faut considérer la facilité qu'il aura à traverser un espace. La piéride vole dans toutes sortes d'habitats, mais elle ne mettra pas le même laps de temps à traverser une forêt qu'à traverser une pelouse.

Notre piéride part donc à la découverte de son environnement. Mais la ville n'est pas un espace uniforme dans lequel elle peut voler au hasard. Dans des espaces ouverts, les parcs, les friches urbaines ou les jardins, elle peut se déplacer librement, mais ailleurs, sa progression sera limitée par des obstacles, maisons et immeubles, qu'elle devra contourner par les rues en côtoyant voitures et passants. Pour notre papillon, la ville est un paysage fragmenté. Les îlots de verdure sont plus ou moins isolés les uns des autres et connectés par des corridors verts, comme ceux que forment les arbres plantés le long des rues, ou la végétation en bordure des autoroutes et des voies ferrées.

Mais, au fait, pourquoi la piéride du chou a-t-elle la bougeotte?

Les papillons naissent dans les choux?

Tout comme l'homme, le principal sens des papillons **diurnes** est la vue. La piéride dépend donc de la lumière pour ses principales activités: la collecte de nectar et la reproduction. Elle n'a pas une vue très fine mais dispose d'un champ de vision très large, grâce à la forme globuleuse de ses yeux. Ses antennes sont essentielles pour le toucher et l'odorat. Les antennes permettent également de percevoir les vibrations et les courants d'air, informations nécessaires à une bonne navigation. Cette perception est cruciale pour garder l'équilibre et s'orienter dans l'espace. La piéride butine les fleurs et les «goûte» grâce à des poils sensoriels, à l'extrémité de ses pattes, qui lui permettent de détecter au contact la présence de nectar.

Les papillons ont des ailes pour rechercher efficacement leur nourriture mais aussi, et surtout, pour assurer la dispersion de leur progéniture. Les mâles restent souvent cantonnés à l'endroit où ils sont nés. Ils auront peut-être la chance de s'accoupler trois ou quatre fois durant leur vie, alors que notre femelle piéride ne s'accouplera qu'une seule fois. Après un accouplement rapide, sans grande parade nuptiale, elle quittera les lieux à la recherche de sites pour y déposer ses œufs.

Par son comportement de vol actif et vagabond, elle sème ses œufs sur un grand territoire. Elle pourrait ne pondre que là où abondent ses plantes hôtes, principalement les crucifères (la famille du chou), mais elle préfère laisser ses œufs sur des crucifères répartis à des endroits différents, limitant ainsi les risques de mortalité pour sa progéniture.

La relève

L'espérance de vie de la piéride est de 5 à 15 jours, juste ce qu'il faut pour assurer sa descendance. Elle trouvera plusieurs sites de ponte : les capucines d'un parterre de fleurs ornant la façade d'une maison proche d'un parc, les feuilles d'un chou dans le potager d'un jardin communautaire, et une autre crucifère, la barbarée à fruit dressé, dans un terrain vague. Habituellement, 5 à 15 % des œufs survivent et aboutissent au stade adulte.

Notre piéride a eu de la chance. Presque tous ses œufs pondus sur les capucines et sur le terrain vague sont devenus des papillons. Par contre, ses œufs dans le potager n'ont pas eu le temps d'éclore. Le jardinier, soucieux d'obtenir de beaux légumes, a éliminé ces intrus au stade vorace de la chenille.

Quarante-cinq jours en tout après la ponte, les rescapés formeront une deuxième génération de papillons qui s'envolera dans les rues de la ville, à la recherche de nectar et de sites de ponte. Leurs œufs, pondus au mois d'août ou de septembre, donneront de nouvelles chenilles, puis de nouvelles chrysalides. Mais cette fois, de nouveaux adultes n'en sortiront plus. L'hiver approchant, les chrysalides entreront dans une phase de dormance, la **diapause hivernale**. Les papillons ne découvriront la ville, ses rues, ses maisons et ses jardins qu'après un long hiver, vers la mi-avril...

Samuel Pinna et Nathalie Roullé

L'écologie du paysage

L'histoire de la piéride du chou montre bien l'importance de la structure de l'espace dans l'écologie des espèces, notamment celles que nous côtoyons en ville. Les éléments spatiaux des paysages ont une influence sur leur abondance et sur leur répartition.

Voulant considérer explicitement l'espace, les écologistes MacArthur et Wilson ont proposé la théorie de la **biogéographie insulaire**. Cette théorie prédit que la richesse spécifique d'une **île** (le nombre d'espèces qu'elle contient) est fonction de sa taille et de la distance qui la sépare du **continent**. Une grande île a un taux d'extinction d'espèces plus faible (plus d'habitats et moins de compétition). Une île proche du continent a un taux de colonisation plus élevé (immigration plus facile). Donc, plus une île sera à la fois proche du continent et de grande taille, plus sa richesse sera grande.

Une autre vision vient compléter cette prise en compte de l'espace : la théorie des **métapopulations**. En effet, dans un espace hétérogène, les habitats favorables à une espèce sont fragmentés. Ainsi, la population qui occupe un espace est constituée d'un ensemble de populations locales qui ont leur propre dynamique mais qui interagissent en échangeant des individus. Certaines de ces sous-populations vivent dans de bonnes conditions (ressources suffisantes). Elles prolifèrent jusqu'à saturation, et certains individus partent alors coloniser d'autres habitats. Elles sont appelées **populations sources**. À l'opposé, les **populations puits** sont en déclin, car les ressources sont limitées. La viabilité des populations puits peut être assurée par la relative proximité de populations sources.

L'**écologie du paysage** est une jeune science qui s'inspire de ces deux théories. En écologie du paysage, on distingue trois types d'éléments de l'espace : la **matrice**, qui est l'élément dominant, les **îlots**, qui sont répartis dans la matrice, et les **corridors**, qui relient les îlots entre eux.

Chaque espèce perçoit son environnement différemment : la même matrice n'aura pas le même effet sur des espèces différentes. En ville, pour notre piéride, la matrice est le tissu urbain. Les îlots deviennent les parcs, les boisés, les friches industrielles, les étangs... Ces îlots de végétation sont interconnectés par des corridors : arbres des rues, bordures des chemins de fer, berges d'une rivière...

L'écologie du paysage veut explorer la complexité des **patrons paysagers**. Les écologistes qui s'intéressent à la ville ont du travail devant eux : la taille, l'isolation et la connectivité des îlots urbains ainsi que la qualité des habitats urbains, souvent pollués, perturbés ou envahis par des espèces exotiques, créent des interactions difficiles à démêler dans une matrice très hétérogène.

Trop, c'est comme pas assez?

Une légende raconte qu'en Inde, le brahmane Sissa a inventé le jeu d'échec pour distraire son souverain, le roi Belkib. Ce dernier, émerveillé, lui demanda ce qu'il voulait en récompense et le philosophe astucieux répondit: «Je voudrais que vous placiez un grain de blé sur la première case de l'échiquier, puis deux sur la seconde, puis quatre sur la troisième puis seize sur la quatrième et ainsi de suite jusqu'à ce que les 64 cases de l'échiquier aient été parcourues.» Belkib accepta, amusé par l'apparente modestie de la demande. Manifestement, Sissa connaissait bien le principe de la croissance exponentielle...

Lorsque vint le moment de payer, le roi Belkib se rendit compte avec horreur qu'il n'y avait pas assez de grains dans tout son royaume pour récompenser Sissa ; il aurait fallu lui offrir 18 446 744 073 709 551 615 grains, soit toutes les récoltes de blé de la Terre pendant environ cinq mille ans !

La plupart des populations animales ont le potentiel de se reproduire de manière exponentielle, puisque la reproduction est habituellement un processus multiplicatif : si deux adultes produisent quatre enfants, leurs enfants se reproduiront à leur tour pour produire 16 petits-enfants, et ainsi de suite.

Cependant, chez les populations qui n'ont pas de prédateur, la croissance exponentielle est habituellement suivie d'un **crash**. Un jour ou l'autre, les animaux auront atteint la capacité de support de leur milieu, c'est-à-dire que les ressources commenceront à manquer, ce qui engendrera des taux de mortalité élevés ainsi qu'une baisse de la natalité jusqu'à ce que la population atteigne un niveau stable. L'étude de ces phénomènes appartient à la **dynamique des populations**, domaine de l'écologie qui se fonde sur des principes de **démographie**.

Démo, démo, démographie !

La démographie est l'étude des populations et des processus responsables de leur croissance et de leur déclin. Les facteurs de base qui influencent la croissance d'une population sont la natalité, la mortalité, l'immigration et l'émigration. Ainsi, l'immigration et la natalité impliquent que des individus entrent dans la population, alors que l'émigration et la mortalité signifient que des individus quittent la population. C'est la différence entre ces processus qui fait varier la taille d'une population.

Une explosion démographique se produit lorsque l'accès aux ressources n'est pas un facteur limitant pour la population dans son ensemble. De ce fait, l'**addition** (naissances et immigration) du nombre d'individus est toujours supérieure à la soustraction (mortalité et émigration), et la population croît de façon constante pendant un intervalle de temps donné. Mais lorsque la densité augmente, la compétition entre les individus s'intensifie et l'accessibilité aux ressources alimentaires diminue. Il en résulte une augmentation de la mortalité ainsi qu'une baisse de la natalité, entraînant un déclin de la population.

Cernés par les bernaches?

La bernache du Canada dite «géante» (*Branta canadensis maxima*) est un exemple, tout près de chez nous, d'une population animale en croissance exponentielle. Il est aujourd'hui difficile de croire qu'il n'y a pas si longtemps son existence était menacée. Durant la Seconde Guerre mondiale, les chasseurs du centre de l'Amérique du Nord croyaient qu'il ne serait plus jamais possible de les chasser. Les excès de leurs aînés depuis le début du siècle et la destruction des habitats fauniques avaient presque causé l'extinction de cette sous-espèce.

À la suite de la découverte de quelques petites populations au début des années 1950, des efforts de

réintroduction au centre et dans l'est des États-Unis ont permis une augmentation substantielle des effectifs. Aujourd'hui, les bernaches géantes ne pourraient pas se porter mieux. Leur nombre augmente à chaque année à un rythme qui inquiète les gestionnaires de la faune.

Les îles aux œufs

C'est en faisant l'inventaire des nids de canards sur les îles de Varennes en 1992 que les chercheurs de l'UQÀM ont découvert avec surprise un premier nid de bernache du Canada. Une grande primeur! Aujourd'hui, il n'est plus très surprenant de trouver un nid de ce grand palmipède aux environs de Montréal: en 2004, uniquement sur les îles de Varennes, on en a dénombré 135. Tout au long de l'été, des groupes de bernaches sont maintenant observés ici et là aux abords du fleuve Saint-Laurent. Ces bernaches géantes du Canada sont dites «résidentes». Elles nichent au sud du 48e parallèle et sont les plus grosses de toutes les sous-espèces de bernaches du Canada. Les bernaches migratrices, quant à elles, ne sont observées à nos latitudes qu'au printemps et à l'automne, lors de leur migration. Ces dernières nichent dans le nord du Québec où l'environnement est plus régulateur: pas de croissance exponentielle en vue.

Contrairement à leurs congénères migratrices, les bernaches résidentes ont une grande tolérance à la présence humaine, ce qui leur a permis de s'installer dans nos régions presque à longueur d'année. De plus, la transformation de l'environnement par l'homme facilite l'établissement de ces oiseaux opportunistes. Les terrains de golf et les parcs possèdent les caractéristiques idéales pour les herbivores : amplement assez d'herbes à brouter sur les pelouses, des étendues d'eau à proximité pour se réfugier s'ils sont dérangés et une quasi-absence de prédateurs (chasseurs y compris).

En plus de l'herbe des pelouses souvent bien entretenues et enrichies de fertilisants, les bernaches trouvent une nourriture abondante dans les champs de maïs et de céréales, souvent situés à quelques battements d'ailes du fleuve. Comme si un supplément était nécessaire, les bernaches sont souvent nourries par les hommes, qui apprécient la présence d'un peu de « nature sauvage » près de chez eux.

Les bernaches ne manquent pas non plus d'endroits propices où pondre leurs œufs. En creusant la voie maritime du Saint-Laurent, dans les années 1950, on a créé une multitude de petites îles tranquilles, idéales pour la nidification.

Un effrayant succès de réintroduction

À l'époque de la réintroduction, les gestionnaires souhaitaient réintroduire cette sous-espèce afin de conserver une diversité faunique. Ils étaient également enthousiastes à l'idée d'offrir un nouveau gibier aux chasseurs. Ces bernaches étaient plus grosses, présentes presque toute l'année sur le territoire et pouvaient se retrouver en périphérie des milieux urbains où la concentration de chasseurs est plus élevée.

Cependant, on n'avait pas prévu que les bernaches allaient si bien se satisfaire de l'environnement urbain. Pris de court en constatant l'augmentation exponentielle du nombre de bernaches au cours des années 1980, les gestionnaires augmentèrent les quotas de chasse afin d'accroître la mortalité dans la population. Malheureusement, les mesures prises n'auront pas l'effet escompté étant donné que les individus les plus vulnérables à la chasse sont les **juvéniles**. En augmentant principalement le taux de mortalité d'individus non reproducteurs, la croissance persiste, puisqu'on ne contrôle pas le taux de natalité. Partout dans les villes du sud-est des États-Unis et de l'Ontario, des sommes faramineuses sont octroyées pour réduire les effets de la présence de ces oiseaux. Une bernache adulte produit quotidiennement une grande quantité de déjection. Imaginez les dégâts dans un parc où un groupe d'une centaine de bernaches s'est rassemblé durant une semaine ! De même, lorsqu'un grand nombre d'oiseaux occupe un petit plan d'eau, sa qualité peut rapidement se détériorer, au point d'entraîner potentiellement la transmission de maladies. La surpopulation des bernaches résidentes a encore d'autres impacts négatifs, comme les risques augmentés de collisions aériennes et les dommages faits aux cultures agricoles.

Au Québec, les données confirment que les bernaches sont en phase de croissance. Le problème, c'est qu'elles sont probablement encore loin d'avoir atteint la **capacité de support** de leur écosystème. Leur surpopulation pourrait devenir très ennuyeuse pour les humains bien avant

*Nombre de nids de bernaches du Canada recensés
sur les îles de Varennes, Québec, entre 1992 et 2004*

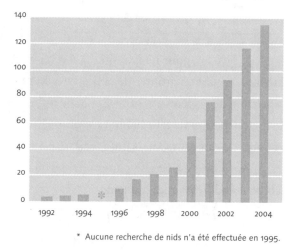

* Aucune recherche de nids n'a été effectuée en 1995.

que leur nombre commence à chuter. Les moyens qui
permettraient de réduire le problème sont nombreux,
mais ils ne sauraient l'enrayer complètement. Il semble-
rait que nos nouvelles voisines sont ici pour rester...

Croissez et multipliez

Il n'y a pas que les populations de bernaches qui soient en
phase de croissance. Depuis l'évolution de notre espèce,
Homo sapiens, il y a plus de deux cent mille ans, nous
nous sommes dispersés en nombre toujours croissant sur
presque toute la surface terrestre. Depuis la révolution
industrielle, la population humaine connaît une croissance démographique exponentielle. Nous avons mis
plusieurs millénaires à atteindre le milliard d'individus,
mais à peine deux siècles pour atteindre les six milliards !

L'explosion démographique humaine a eu un impact important quant au rôle régulateur de l'environnement sur la démographie de plusieurs populations animales. Par exemple, les cerfs de Virginie, les goélands, les coyotes et les ratons laveurs, pour ne nommer que ceux-là, sont des espèces qui ont su profiter de la présence humaine. La disparition des espèces à la suite d'une surexploitation ou de la destruction de leur habitat est un phénomène bien connu de nos jours, mais on a tendance à oublier que certaines autres espèces se sentent (trop) bien dans les habitats modifiés par les humains.

Madeleine Doiron et Mathieu Beaumont

Une petite bière avec Darwin

Vous contemplez, indécis et assoiffé, le réfrigérateur de votre marchand préféré. Aux côtés des marques de bière importantes, celles que l'on voit dans les publicités où tout le monde déménage ou descend des rapides en zodiac, s'aligne une multitude de petits produits aux noms étranges : *L'Extrême-Onction*, L'*Avoinée de Coatikook*, *La Moufette blanche*... Pourquoi une telle variété de marques dans les grands centres urbains, quand les épiceries de village se contentent des cinq ou six gros joueurs ? Comment les microbrasseries font-elles pour survivre face à la machine bien huilée des brasseurs industriels ?

Les écologistes ont le même genre de questionnement quand ils se penchent sur la très grande diversité biologique, et sur la variabilité de cette diversité d'un endroit à l'autre sur la terre. Depuis la naissance de leur discipline, ils s'étonnent toujours de trouver tant de plantes, d'insectes, d'animaux et de microorganismes.

Et pourquoi, par exemple, peut-on s'attendre à retrouver dans nos forêts laurentiennes une dizaine d'espèces d'arbres sur une superficie équivalente à celle d'un terrain de football, quand, en forêt tropicale, il n'est pas rare d'en dénombrer plus de 200?

Voyons comment la science écologique cherche à expliquer l'**abondance** et la **distribution** des espèces vivantes dans différents environnements. Peut-être pourrons-nous comprendre du même coup la question obsédante de la distribution des bières.

Un intense débat anime actuellement les écologistes qui se préoccupent de diversité biologique. Deux théories vraisemblables mais diamétralement opposées s'affrontent: la **Théorie de la niche écologique** et la **Théorie neutre de la biodiversité**. Voici quelques éléments de cette ardente querelle de clochers.

La Théorie de la niche écologique

Dès les temps héroïques de l'écologie, les chercheurs ont cru voir dans la compétition un facteur fondamental pour expliquer la différenciation et la répartition des espèces. De ce constat découle un autre principe important en écologie, le principe d'**exclusion compétitive**, qui affirme que dans une situation où deux espèces similaires sont en compétition au sein d'une même **communauté**, la plus faible des deux ne pourra exister indéfiniment et sera éliminée par la plus forte.

Ce principe est assez intuitif, et on peut aisément l'appliquer à notre situation de départ: la diversité des marques de bière dans un marché où le nombre de consommateurs est limité. Une marque de bière qui aura un goût supérieur (pour les amateurs éclairés et aisés) ou un prix plus bas (pour les pauvres étudiants) aura un avantage compétitif sur les autres bières, et devrait normalement dominer le marché.

C'est de ce principe que découle la Théorie de la niche écologique. Selon elle, les espèces vivantes (ou les marques de bière) ont évolué vers une spécialisation qui leur confère une efficacité maximale dans un agencement particulier de conditions environnementales, réduisant l'impact de la compétition avec d'autres espèces dans cet agencement précis de conditions.

Plus la diversité des conditions augmente, plus il est difficile pour les individus d'une seule espèce d'être maximalement efficace dans l'ensemble de ces conditions, c'est un principe que le grand **biogéographe** Robert MacArthur a résumé par «*jack of all trades is master of none*», adage qu'on pourrait traduire par «un touche-à-tout n'excelle en rien». Il s'ensuit que l'accroissement de la diversité des conditions dans un environnement donné mène à l'accroissement du nombre de niches écologiques disponibles dans cet environnement, ce qui se traduit par une augmentation du nombre d'espèces vivantes qui l'habitent.

Imaginons qu'une marque de bière est une espèce, et que son marché de consommateurs est sa niche. Alors, en ville, où l'on retrouve une très grande panoplie de consommateurs avec des goûts particuliers et des revenus

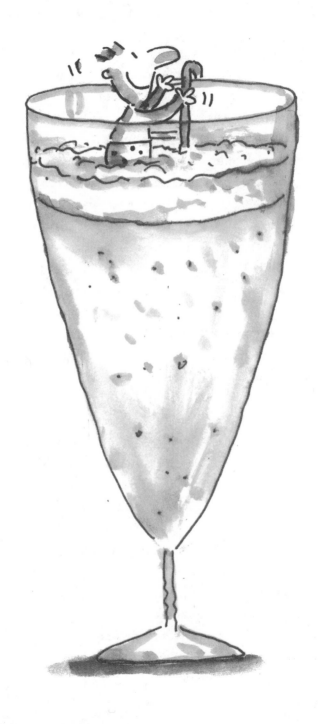

variés, il y aura une grande diversité de niches qui permettent aux petites marques de bière de survivre, et cela malgré la mise en marché très agressive des grosses brasseries. Cependant, dans un petit village, où le nombre de consommateurs est réduit et où l'on peut supposer que les goûts et les revenus seront plus homogènes, il est impossible pour une petite marque de bière de survivre.

La Théorie neutre de la biodiversité

Récemment, une autre vision est venue remettre en question la Théorie de la niche écologique. La Théorie neutre de la biodiversité et de la biogéographie a été avancée en 2001 par Stephen P. Hubbell, spécialiste de la forêt tropicale au Panama. Cette publication phare était en fait simultanée à celle du professeur Graham Bell de l'Université McGill, qui proposait une hypothèse similaire au chapitre des microorganismes. Cette théorie bouleverse profondément le petit monde de l'écologie des communautés. Non seulement elle nie la conception de la niche écologique, mais elle remet même en question la théorie de la sélection naturelle de Darwin !

Imaginons que les consommateurs de bière soient en très grande majorité « neutres », qu'ils n'aient aucune préférence quant à la marque de bière qu'ils consomment. Devant le réfrigérateur de votre marchand, votre choix serait avant tout le fruit du hasard ; le prix et le goût particulier de la bière ne dicterait en rien votre choix (ce qui est probablement assez près de la réalité pour plusieurs clients).

163

Le seul facteur de l'abondance des marques de bière expliquerait alors votre choix. Plus une marque sera abondante sur la tablette, plus grande sera la probabilité que vous achetiez cette marque. À la longue, cette façon de choisir aura des répercussions sur la disponibilité des autres marques, puisque les bières plus rares seront éventuellement oubliées et finiront par être éliminées du marché. Pour rester présent sur les tablettes, la seule stratégie viable est donc d'arriver rapidement et en grand nombre. L'agencement en bières du frigo du marchand dépendrait donc des stratégies de distribution de chaque brasseur auprès des commerçants, rien à voir avec une compétition pour satisfaire le consommateur.

Selon la théorie neutre, les espèces vivantes sur terre s'organisent de la même façon. La **composition** de la faune et de la flore est déterminée par le hasard et la capacité des espèces à se disperser rapidement et en très grand nombre, peu importe leurs exigences environnementales. À terme, les espèces rares qui ne se dispersent pas bien sont toujours éliminées.

Dans ce cas, la seule façon pour une communauté de compenser la perte des espèces rares est d'avoir une immigration de nouvelles espèces venues des communautés voisines. Plus il y aura d'immigration de nouvelles espèces (ou de marques de bière) dans la communauté locale, plus grande sera la diversité.

Généralement, les espèces rares seront des immigrantes, sujettes à des disparitions et des réintroductions successives. Les espèces abondantes, elles, seront plutôt stables.

Cela expliquerait que les gros brasseurs puissent garder une même marque longtemps (ils nous inondent de publicité, et inondent les marchands de leurs caisses de bière), alors que les marques des microbrasseries tendent, elles, à changer souvent. Selon cette théorie, l'ouverture des marchés devrait aussi augmenter la diversité des marques de bière, car on pourra alors avoir une plus grande «immigration» de nouvelles marques.

On se détend, et on en discute

Paradoxalement, nos deux théories expliquent les mêmes phénomènes de diversité, font les mêmes prédictions, mais ont recours à des principes qui sont fondamentalement antagonistes. Plusieurs chercheurs croient d'ailleurs que les deux visions sont vraies selon les conditions du système à l'étude, et une théorie unifiée est en train de voir le jour.

Le débat n'est pas le fait de quelques chercheurs qui voudraient se faire mousser. Une meilleure compréhension de la place de ces deux théories dans l'étude de la répartition des espèces vivantes pourrait permettre aux gestionnaires de mieux évaluer les conséquences de l'introduction de nouvelles espèces dans un écosystème donné, de mieux gérer le cas des espèces rares et menacées d'extinction et de mieux évaluer les impacts de la fragmentation des écosystèmes naturels liée aux coupes forestières, à l'agriculture ou à l'urbanisation.

Alors, à la réflexion, lorsque vous achetez votre bière, êtes-vous plutôt «niche», ou plutôt «neutre»?

Dominique Gravel et Christian Messier

Les trois échelles de la diversité biologique

La diversité biologique varie beaucoup entre les régions, mais elle est globalement incroyablement élevée, et encore largement méconnue. Certains chercheurs l'estime entre 10 et 100 millions d'espèces, c'est dire ce qu'il nous reste à apprendre! On continue à découvrir de nouvelles espèces ou groupes d'espèces presque tous les jours. Il faut aussi comprendre que cette diversité change constamment, avec la disparition d'espèces mal adaptées à leur environnement, et la **spéciation**, l'apparition de nouvelles espèces.

Nous savons aussi qu'il s'est produit plusieurs grandes vagues de disparition d'espèces, causées par de grands cataclysmes naturels, comme la chute d'une énorme météorite ou l'éruption massive et simultanée de nombreux volcans. En tout, depuis les origines de la vie sur Terre, la planète aurait produit plusieurs milliards d'espèces différentes !

Globalement, on tente d'expliquer la diversité biologique à partir de trois échelles :

À l'échelle **planétaire**, on sait que la diversité augmente globalement des deux pôles vers l'équateur. On l'explique par le fait que les conditions environnementales seraient plus propices à la vie et plus stables, car moins affectées par le cycle des glaciations.

À l'échelle d'une **région**, le fait que la Terre est dynamique et qu'elle tend à isoler géographiquement des espèces en formant des montagnes, des isthmes, etc., contribue à la formation de nouvelles espèces.

Finalement, à l'échelle d'une même **communauté**, la diversité biologique serait liée à la diversité des conditions environnementales et des attributs écologiques des espèces (la théorie de la niche) et/ou au hasard et à la capacité de dispersion des espèces (la théorie neutre).

Une bouffée d'air frais

Plaisir des yeux, oasis de paix végétale dans la grisaille ambiante, la pelouse, les arbres et les arbustes qui adoucissent le paysage urbain rendent bien d'autres services à cet écosystème malmené par l'activité humaine. On l'oublie souvent, mais ce sont des millions de mètres cube d'air qui entrent et sortent chaque année des stomates des plantes urbaines.

C'est connu : l'air des villes n'est pas ce que l'on trouve de mieux à respirer. Ces dernières décennies, les concentrations de certains gaz polluants et les quantités de poussières n'ont pas cessé d'augmenter dans l'atmosphère. Cette pollution est souvent visible en ville sous la forme d'un brouillard jaunâtre communément appelé « smog » (de l'anglais *smoke*, fumée, et *fog*, brouillard).

Parmi les gaz incriminés, le gaz carbonique (CO_2), les oxydes d'azote, l'oxyde de soufre et l'ozone constituent la plus grande partie des émissions de la circulation automobile et des grandes industries. L'autre groupe de polluants majeurs est aussi issu de l'activité urbaine, mais également de l'érosion naturelle du béton ; il est constitué de **macro-particules**, les poussières en suspension dans l'air. Les effets de ces polluants sur notre environnement urbain sont très variés mais toujours nocifs.

Les poussières sont ainsi souvent incriminées dans les réactions allergiques de plus en plus fréquentes chez les jeunes citadins ou dans les difficultés respiratoires des personnes plus âgées. Elles sont un transporteur idéal pour certains agents microbiens contre lesquels notre système immunitaire a parfois tendance à répondre de manière excessive.

L'action néfaste du CO_2 atmosphérique est maintenant bien connue. Il fait partie des gaz dits à effet de serre, responsables du mécanisme de réchauffement du climat planétaire. On y reviendra.

Les effets sur la santé des oxydes d'azote et de soufre et de l'ozone sont plus directs. Ils proviennent de leur conformation chimique, capable de produire des molécules très agressives, les **radicaux libres**. Dans un organisme vivant, ces molécules de forme instable ne demandent qu'à réagir avec les tissus vivants pour retrouver leur équilibre. Malheureusement dans cette réaction dite d'**oxydation**, les tissus sont irrémédiablement endommagés.

Toutefois, l'air que nous inhalons en flânant dans les rues n'est pas aussi irrespirable qu'il pourrait l'être.

En vert et contre toux

Aussi impassible qu'elle puisse paraître, la végétation agit sans relâche afin d'améliorer la situation ! Dans les parcs et les jardins de nos villes, pelouses, arbres et arbustes œuvrent silencieusement à assainir notre environnement, tout simplement en étant là.

La présence végétale contribue d'abord à grandement réduire la quantité de poussières dans l'atmosphère. Les feuilles des végétaux possèdent à leur surface une couche de cire protectrice, aussi appelée **cuticule**, qui est produite par les cellules de l'épiderme. C'est sur cette cuticule que les impuretés de l'air viennent adhérer lorsque le vent les y pousse. Les feuilles se débarrassent ensuite de ces poussières lorsque la pluie les dissout par lessivage et les entraîne vers les égouts.

Pour ce qui est du traitement végétal du dioxyde de carbone, rien de plus simple, puisque nous savons que les plantes s'en nourrissent comme nous de l'oxygène. Grâce au travail des **stomates** et à la **photosynthèse**, les végétaux vont ainsi capturer le CO_2 de l'atmosphère et le transformer en sucres nécessaires à leur croissance. De plus, sous-produit de cette transformation, de l'oxygène sera relâché dans l'atmosphère. Tout bénéfice ! Néanmoins, cette contribution des végétaux à la diminution du CO_2 atmosphérique reste faible comparée aux quantités des émissions issues de l'activité humaine. Il ne faudra donc pas trop compter sur eux pour voir un retour à une quantité acceptable de carbone dans l'atmosphère.

Dernier coup de pouce à l'assainissement de l'air, les végétaux urbains sont de véritables pièges à radicaux libres. En effet, en même temps qu'ils capturent le CO_2 de l'atmosphère, les plantes absorbent par leurs stomates de grandes quantités de radicaux libres présents dans l'air. On a récemment découvert que les végétaux possèdent dans leurs tissus des composés fortement **antioxydants**, précisément pour lutter contre ces radicaux libres. Ces antioxydants neutralisent les radicaux libres en réagissant avec eux très rapidement, bien avant qu'ils aient pu s'attaquer aux tissus cellulaires. Les radicaux libres sont ainsi transformés en molécules non réactives et tout à fait inoffensives.

La végétation urbaine contribue donc à diminuer la concentration des radicaux libres présents dans l'air. Mais on n'a rien sans rien : cette lutte est coûteuse en énergie pour la végétation, qui devient plus fragile aux blessures et aux attaques d'insectes ou de microbes. Il est donc important de protéger nos espaces verts urbains afin qu'ils puissent remplir au mieux cette précieuse fonction de filtrage.

Frigivert ?

La végétation a également une influence bénéfique sur le climat de nos cités. La température en ville est supérieure de quelques degrés à celle des campagnes avoisinantes. Cette élévation, qui atteint parfois 4 ou 5 degrés Celsius, est notamment causée par la concentration des rayons du soleil au cœur des rues à cause de leur réverbération sur la surface des bâtiments. Elle s'explique aussi par la capacité qu'ont le béton et l'asphalte, omniprésents en milieu urbain, à emmagasiner la chaleur du soleil pour ensuite la diffuser. Encore ici, la végétation agit discrètement, mais efficacement, pour nous aider à supporter les grandes chaleurs.

Établissons un petit bilan, celui de l'**énergie thermique** d'une métropole. Il existe des **sources d'énergie**, qui émettent de la chaleur ainsi que des **puits d'énergie**, qui la captent. Dans le cas qui nous intéresse, le soleil est la source principale, qui fournit de la chaleur à tous les objets et organismes : ce sont les **puits de chaleur**. Cependant, tous les objets ne sont pas égaux en matière d'absorption de l'énergie solaire, absorption qui peut se mesurer grâce à l'**indice albédo** (*albedo*, en latin, veut dire « blanc »).

Plus l'albédo d'un objet est proche de 0 (l'indice d'un objet d'un noir profond), plus il absorbe l'énergie solaire ; à l'inverse, plus l'albédo d'un objet s'approche de 1 (un objet d'un blanc pur), plus il la réfléchit.

Le béton, l'asphalte ou le métal réfléchissent plutôt mal l'énergie solaire et en absorbent une grande partie. Ces matières à faible indice albédo chauffent, et en viennent à émettre de la chaleur à leur tour : elles deviennent une source d'énergie secondaire. Il est donc aisé de comprendre l'élévation de la température en ville : les sources d'énergie thermique primaires et secondaires s'y additionnent alors qu'à la campagne, la végétation tend à absorber la chaleur du soleil pour la dissiper.

Les arbres ont un indice albédo moyen. Ils réfléchissent peu l'énergie, mais ne chauffent pas, car ils dissipent l'énergie accumulée. Comme on l'a déjà vu, le mécanisme est assez simple : lorsqu'ils sont échauffés par le soleil ou par une source d'énergie secondaire, les arbres font exactement comme nous, ils transpirent.

Les plantes rendent donc des services inestimables aux citadins. Il faudrait peut-être penser à les en remercier, en leur parlant de près. Pas qu'elles soient dures de la feuille, mais parce que nous libérons, pour eux, un gaz des plus délicieux : le CO_2.

Sylvain Delagrange et Frank Berninger

Le petit oiseau est sorti

Certaines introductions d'espèces donnent lieu, on l'a vu, à des explosions démographiques spectaculaires. Le cas typiquement urbain du moineau domestique (*Passer domesticus*) mérite son chapitre. C'est vrai, ils sont plutôt mignons, bondissant entre les pigeons pour attraper quelques miettes. Bien sûr, leurs joyeux pépiements rendent les matins des villes plus gais. Mais l'écologiste en vous le devine bien, le moineau a son côté redoutable.

Le moineau domestique a été introduit en Amérique du Nord à quelques reprises, et chaque fois, on connaît l'identité de la personne impliquée, la date, le lieu et le nombre d'individus relâchés. On sait, par exemple, qu'un Britannique, Nicholas Pike, a importé 50 moineaux d'Angleterre et les a relâchés à Brooklyn, en 1852.

Ce fut la première introduction réussie en Amérique du Nord, mais de nombreuses autres se succédèrent jusqu'en 1880, principalement en Nouvelle-Angleterre et dans les États du nord-est des États-Unis.

L'enthousiasme pour le moineau tenait à deux facteurs principaux : la nostalgie des animaux du pays d'origine et l'espoir que le moineau puisse aider à contrôler les insectes nuisibles. C'est en 1868 que le moineau domestique a fait ses débuts au Canada, quand le colonel William Rhodes, voulant agrémenter la vie de la garnison, relâcha des spécimens dans le Jardin des Gouverneurs de Québec, près de l'actuel Château Frontenac. Les introductions volontaires de moineaux se sont ainsi multipliées à travers le monde, de sorte que l'animal est maintenant établi sur tous les continents, à l'exception de l'Antarctique.

L'origine du moineau urbain

Mais d'où vient cet animal devenu si cosmopolite et quelle était son écologie d'origine ? Le moineau appartient à la famille *Passeridae*, proche des pinsons tisserins d'Afrique, d'Eurasie et d'Océanie. Sa **distribution** naturelle était dès le départ passablement étendue, comprenant l'Eurasie et l'Afrique du Nord, mais excluant l'Amérique. Le moineau domestique appartient au groupe des moineaux dits à « bavette noire » où seul le mâle possède une tache noire de taille variable sur la gorge.

Pourquoi les moineaux ont-ils eu tant de succès à l'exportation ? Certes, ils ont profité au départ d'un certain capital de sympathie qui faisait en sorte qu'on les nourrissait, qu'on les protégeait et qu'on leur fournissait des nichoirs. Mais, on l'a dit, il y a lieu de se méfier du moineau domestique...

Il y a sa grande fertilité, qui lui permet de produire plusieurs couvées par saison. Il y a son étonnante **plasticité morphologique**. On note, par exemple, que la taille des individus s'accroît du sud vers le nord, le poids supplémentaire servant à l'accumulation de graisses et d'eau, qui augmentent sa résistance au froid hivernal. Il y a, enfin, ses grandes capacités d'innovation et d'apprentissage : sa capacité d'**adaptation éthologique** (du grec *ethos*, les mœurs). On rapporte ainsi qu'en Nouvelle-Zélande, les moineaux ont appris à utiliser le judas des portes d'une gare d'autobus afin de s'y introduire pour chaparder de la nourriture. On trouve aussi à Montréal des moineaux qui vivent toute l'année dans le confort des grands centres commerciaux.

177
◇◆◇◆◇

Les gros dégâts des petits moineaux

L'un des impacts majeurs des représentants de cette espèce exotique introduite sur la faune indigène d'Amérique du Nord est lié au fait qu'ils nichent dans des cavités et débutent leur saison de reproduction précocement (puisqu'ils ne migrent pas). Ils peuvent donc prendre possession de cavités qui auraient pu servir aux oiseaux indigènes. Les moineaux sont de surcroît des animaux très **territoriaux**, qui défendent férocement le nid. Ils sont même conquérants, réussissant à déloger de leurs nids le merle bleu de l'est (*Sialis sialis*) et l'hirondelle noire (*Progne subis*).

Le moineau domestique a aussi un grand impact sur nous, nos habitations, notre économie et notre santé. Il a rapidement dépensé son capital de sympathie, et dès 1899, on le surnommait le «rat des airs». Les problèmes sont multiples : il construit son nid dans les évents, fissures, gouttières et crevasses des murs. Il peut endommager les jeunes légumes des jardins et se gave des graines récemment semées. En milieu agricole, les moineaux endommagent substantiellement les arbres fruitiers et les récoltes céréalières.

De nombreuses méthodes de contrôle ont été utilisées pour essayer de limiter les populations de moineaux, de l'empoisonnement à la chasse, en passant par des solutions plus... originales. Vers la fin du XIXe siècle, les petites annonces de journaux incitaient ainsi les Montréalais à capturer des moineaux vivants pour les exercices de tir, ce qui n'est pas du meilleur goût. Mais toutes ces tentatives n'ont eu que peu d'effet sur leur abondance phénoménale. Encore une fois, une espèce exotique introduite semble s'être solidement établie dans son nouvel environnement.

Phoenix Bouchard-Kerr et Luc-Alain Giraldeau

Cinq autres grands envahisseurs

Abeille africanisée
(Apis mellifera scutellata)

Origine: Afrique

Régions envahies: Introduite au Brésil et disséminée à travers l'Amérique du Sud et l'Amérique centrale, elle a progressé jusqu'aux États du sud des États-Unis.

Vecteurs et voies: Introduite pour améliorer l'industrie du miel au Brésil, elle s'est disséminée par ses propres moyens.

Impacts: Elle se croise avec l'abeille domestique et en augmente l'agressivité (et non la toxicité du venin). De nombreux cas d'attaques mortelles sur les animaux domestiques et les humains ont été rapportés. On observe aussi une réduction des rendements en miel.

Étourneau
(Sturnus vulgaris)

Origine: Europe, Asie du Sud-Ouest et nord de l'Afrique.

Régions envahies: L'Amérique du Nord, l'Afrique du Sud, la Nouvelle-Zélande et l'Australie.

Vecteurs et voies: Introduit aux États-Unis par des colons nostalgiques, et en Nouvelle-Zélande pour le contrôle des insectes nuisibles.

Impacts: Concurrence la faune indigène pour la nourriture, évince d'autres oiseaux nicheurs de cavité, endommage des récoltes agricoles, transmet des zoonoses (maladies animales transmissibles à l'homme).

180

Longicorne asiatique
(Anoplophora glabripennis)

Origine: La Chine et la Corée.

Région envahie: L'Amérique du Nord, la Grande-Bretagne et l'Autriche.

Vecteurs et voies: Introduit accidentellement dans les palettes en bois infestées, utilisées pour le fret maritime.

Impacts: S'attaque mortellement à une grande variété d'espèces d'arbres à feuilles caduques, en particulier les érables.

Rat noir
(Rattus rattus)

Origine : L'Inde.

Région envahie : Le monde entier.

Vecteurs et voies : Introduit accidentellement, passager clandestin des navires transocéaniques.

Impacts : Mange quasiment tout ce qui est comestible (et plus...), a causé l'extinction de plusieurs espèces d'oiseaux, de petits mammifères, de reptiles, d'invertébrés et de plantes, surtout sur des îles à l'écosystème fragile.

Serpent brun arboricole
(Boiga irregularis)

Origine : L'est de l'Indonésie, les Îles Salomon, la Nouvelle-Guinée, l'Australie.

Région envahie : Guam et les Îles Mariannes.

Vecteurs et voies : Introduit accidentellement par avion et par bateau. On s'inquiète du risque élevé d'invasions futures.

Impacts : Parce qu'il se nourrit de presque tous les petits animaux terrestres, il a décimé plusieurs espèces d'oiseaux et d'animaux terrestres à Guam, causant des cascades de perturbations écologiques. Effets négatifs considérables sur l'agriculture.

Des éboueurs en blanc?

◇◆◇◆◇

Le cas du goéland à bec cerclé (*Larus delawarensis*) est un bon exemple d'un problème d'aménagement de la faune où l'on doit tenir compte de la biologie de l'espèce, des habitats utilisés pour la reproduction et l'alimentation, et des interactions avec les humains. On ne sait pas s'il y avait beaucoup de ces goélands lorsque Maisonneuve fonda Montréal, en 1642. On sait par contre que l'espèce a été très exploitée à la fin du XIXe et au début du XXe siècle pour ses œufs et ses plumes, qui servaient à orner les chapeaux des dames...

... Tant et si bien que les goélands se sont faits très rares. Protégée à partir de 1916 en vertu d'un traité signé par le Canada et les États-Unis sur les oiseaux migrateurs, la population de goélands s'est graduellement rétablie. Vers 1930, on a commencé à en observer régulièrement durant les migrations, et en 1953 on découvrait les premiers nids sur l'île Moffat, qui fut ensevelie lors des travaux d'Expo 67 pour faire place à l'île Notre-Dame. Progressivement, les oiseaux se sont déplacés aux abords du Pont Champlain pour s'établir sur l'île de la Couvée, créée lors de la construction de la voie maritime.

Aujourd'hui, on estime la population nord-américaine à 1,7 million d'individus, dont environ 240 000 s'installent au Québec en été. Ceux que l'on rencontre au centre-ville de Montréal viennent pour la plupart de l'île de la Couvée, où environ 15 000 couples établissent leur nid à chaque année. Dans l'est de l'île, les oiseaux proviennent de l'île Deslauriers, la plus grosse colonie du fleuve Saint-Laurent avec ses 51 000 couples, alors que dans l'ouest, les goélands ont pour base arrière une colonie de 9 000 couples, située près du barrage de Beauharnois. Ces inventaires réalisés tous les trois ans par le Service canadien de la faune indiquent que la population est actuellement stable. Une donnée essentielle pour décrire toute **dynamique de population** faunique.

Dynamique dynamique

Les goélands à bec cerclé commencent à se reproduire vers l'âge de 3 ans et vivent de 10 à 15 ans. Ils nichent en colonies de quelques centaines à plusieurs milliers d'individus et pondent trois œufs dans un nid en forme de coupe, placé au sol et garni de brindilles et de matériaux divers. Ils ont un faible pour les milieux insulaires, qui les protègent des mammifères prédateurs.

L'opportunisme, on l'a vu, est un atout de taille pour une espèce. Celui du Goéland à bec cerclé lui a permis de s'adapter à de nouvelles conditions, comme celles qu'on trouve sur les îlots de la voie maritime. Plus récemment, certains individus ont adopté les toits plats des édifices pour établir leur nid. Le phénomène n'est pas encore très répandu à Montréal et des mesures sont prises pour décourager les oiseaux les plus avant-gardistes de donner l'exemple aux collègues. Mais la situation pourrait s'amplifier, vu l'attrait et la grande disponibilité de ce nouvel habitat.

Couple modèle, les deux parents se relaient pour couver pendant un peu moins d'un mois. Les jeunes sont **semi précoces** : ils quittent le nid quelques heures après l'éclosion, mais doivent encore être nourris par les adultes jusqu'à leur envol à l'âge de 35 ou 40 jours. La longue espérance de vie du goéland à bec cerclé et son **succès de nidification** élevé expliquent en partie le taux annuel d'accroissement de 10 % observé à la fin du XXᵉ siècle. Mais un autre facteur en fait un banlieusard prospère.

185

On dîne en ville ?

Les goélands qui nourrissent leurs jeunes peuvent s'alimenter à proximité de la colonie, mais aussi couvrir des distances pouvant atteindre plus de 60 km. Les déchets d'origine domestique constituent près de 40 % du régime alimentaire des goélands qui nichent dans la région de Montréal. Beaucoup sont des habitués des

dépotoirs, malgré les règlements qui obligent les entre-
preneurs à enfouir rapidement les déchets. D'autres,
moins patients, n'attendent pas qu'on les serve aux sites
d'enfouissement et patrouillent les quartiers résidentiels
les jours de collecte, perçant les sacs d'ordures de leur
bec acéré. Au centre-ville, les poubelles mal fermées des
restaurants sont aussi des cantines très recherchées.

Finalement, encore, nombre de gens nourrissent
les goélands par bonté d'âme et pour le plaisir de les
observer de près, dans les aires de pique-nique et près
des casse-croûtes. Les goélands repèrent rapidement ces
endroits, les visitent régulièrement et adoptent des comportements de sollicitation parfois assez agressifs.

À ce régime de restauration rapide s'ajoute la diète
naturelle du goéland, déjà très souple : vers de terre,
larves et insectes volants, poissons et petits mammifères.
Dans son alimentation, le Goéland à bec cerclé est donc
un **généraliste opportuniste**. On comprend aisément
alors que la grande disponibilité en ville des déchets des
hommes, les **déchets anthropiques**, permette de maintenir la population à des niveaux qui excèdent la capacité
du milieu naturel.

Petit survol des nuisances

Les goélands sont porteurs de coliformes fécaux et de
diverses **bactéries pathogènes**, sources potentielles de
maladies, qu'ils dispersent via leurs fientes. Environ
30 % des Goélands à bec cerclé de la région de Montréal
portent un ou plusieurs genres de bactéries incluant

des pathogènes humains comme le staphylocoque, la salmonelle et la listeria. Mieux vaudrait donc éviter les caresses, mais la bête est heureusement peu encline à ce genre de démonstrations.

Pourvu qu'on se conforme aux normes gouvernementales pour l'eau de baignade, la quantité de bactéries provenant des goélands susceptible d'être ingérée par un baigneur reste bien en deçà des doses infectieuses. Cela ne signifie pas que les goélands ne contribuent pas à la **dégradation bactériologique** des plages, mais si les normes sont respectées, la probabilité que les goélands contaminent des humains est faible.

Les accumulations de fientes de goélands sur les monuments, les édifices, les toits d'automobiles et les propriétés riveraines peuvent en outre causer des dommages et entraîner des dépenses de nettoyage. Enfin, la présence de goélands près des aéroports est toujours préoccupante, car ces oiseaux sont responsables du plus grand nombre d'impacts déclarés selon Transports Canada.

187

En attendant le retour des chapeaux à plumes...

Les techniques pyrotechniques et acoustiques qui incluent l'utilisation de cartouches détonantes, de fusées éclairantes, de pétards, d'enregistrements de cris de détresse ou d'alarme d'oiseaux ont une efficacité limitée pour dissuader les goélands d'utiliser un site. Ils s'y habituent rapidement. Le recours à des fauconniers qui font voler des buses ou faucons à proximité des goélands est efficace mais laborieux. Les méthodes d'exclusion physiques, comme tendre un treillis au-dessus de sections de plage ou de places publiques fonctionnent, mais ne s'appliquent qu'à des endroits limités.

Tous ces moyens ne font que déplacer le problème. Il existe des méthodes de contrôle plus radicales, qui réduisent la natalité en détruisant les œufs ou en les aspergeant d'huile minérale afin de les empêcher d'éclore, mais ceci doit être répété pendant plusieurs saisons, car les goélands vivent vieux. L'abattage d'oiseaux, réalisé seulement après l'obtention d'un permis, peut aussi réduire les effectifs, mais ces opérations sont coûteuses et souvent controversées.

Un **aménagement de la faune** efficace repose toujours sur des connaissances en écologie appliquée. Lorsque les données sont fragmentaires et incomplètes, les mesures de gestion doivent être limitées et mises en œuvre par étapes afin d'éviter des erreurs irréparables. En revanche, si l'on connaît bien l'espèce et ses interactions avec le milieu, les interventions peuvent être plus drastiques. Pour le goéland à bec cerclé, la solution serait plutôt une approche globale qui inclurait une réduction des déchets à la source, une meilleure gestion de ceux-ci avant et après la collecte, des moyens de dissuasion et d'exclusion variés et une sensibilisation du public qui l'incite à ne pas nourrir ces pique-assiette effrontés.

Jean-François Giroux

Enraciné dans la cité

On connaît maintenant l'ingéniosité de la gestion de l'eau par les arbres, leurs vénérables cernes qui instruisent les adeptes de la dendrochronologie, leur contribution discrète et désintéressée à adoucir l'environnement hostile de la ville... Mais au fait, comment se porte l'arbre urbain ?

Souvent isolé de ses semblables par une matrice inhospitalière de béton et d'asphalte, l'arbre des villes a le moral dans les racines. Son sol est piétiné, son écorce vandalisée ou abîmée par les déneigeuses. Il manque d'espace. On l'élague sans ménagements pour dégager le réseau électrique, la signalisation routière, les enseignes... Il doit s'accommoder de la pollution atmosphérique et d'une exposition solaire ou éolienne souvent inadéquate.

Dans le sol, cela se corse encore. Les racines étouffent ! En forêt, elles peuvent s'étendre sur plusieurs fois le

diamètre de sa couronne pour trouver les nutriments nécessaires à la croissance de l'arbre. En ville, où le sol est une denrée rare, les arbres plantés en bordure de trottoir sont coincés entre les canalisations et les fondations des immeubles, et ont fréquemment moins de 4 m³ de sol à leur disposition. De plus, cette terre est souvent empoisonnée par toutes sortes de substances toxiques. La contamination atteint son apogée à la fonte des neiges, quand le sel de déglaçage épandu dans les rues durant l'hiver se **solubilise** et atteint dans le sol des concentrations jusqu'à 600 fois supérieures au maximum acceptable.

Le sol des villes manque également d'aération, car il est recouvert d'asphalte, et, très compacté, il possède une faible porosité. L'oxygène est vital pour les insectes, les microorganismes et les bactéries qui aèrent le sol, de même que pour le métabolisme des racines et des mycorhizes, nos serviables champignons symbiotiques. Toute cette vie souterraine travaille à convertir les substances minérales et organiques en matériaux assimilables pour l'arbre. Mais lorsque la quantité d'oxygène est trop faible, ces organismes cessent leur travail et ce sont les bactéries **anaérobiques**, celles qui travaillent en l'absence d'oxygène, qui prennent la relève. Or, ces dernières produisent plutôt des acides et du méthane, toxiques pour les racines des arbres.

Ces conditions défavorables affectent la santé de l'arbre, faisant passer sa longévité moyenne de 32 à 5 ans lorsqu'il est planté sur les trottoirs du centre-ville. C'est court, si l'on considère qu'en forêt, certaines essences ont une espérance de vie de plus de deux siècles!

Mais le plus grand malheur de l'arbre urbain est parfois dans l'attitude du citadin à son égard. Combien le plantent en oubliant de tenir compte de sa taille à maturité? Combien se plaignent de ses fruits qui tachent les voitures ou de ses feuilles, qui ont l'effronterie de tomber à l'automne! L'arbre s'en soucierait comme de son premier bourgeon, si ce n'était de ce que certains ont la tronçonneuse facile! Sois beau et tais-toi! C'est le triste sort de «l'arbre-objet»... Une conception qui se reflète jusque dans les textes de loi, où l'arbre partage avec les abris d'autobus et les panneaux de signalisation la désignation administrative de «mobilier».

La forêt qu'on oublie

Les arbres qui poussent en ville forment une précieuse mosaïque verte que l'on appelle **forêt urbaine**. Milieu dont l'origine est en grande partie humaine, cet **écosystème semi-naturel** apporte la vie à la matrice urbaine. La forêt urbaine est composée de nombreux autres organismes vivants (herbacées, animaux, insectes et micro-organismes). Le sol, l'air, le soleil et l'eau en forment la structure **abiotique**, «non vivante».

L'arbre est le principal carrefour des interactions entre les autres organismes de cet écosystème. Leur degré d'interaction est faible lorsque l'arbre est en condition de trottoir, mais peut être élevé dans certains parcs où l'on retrouve à ses pieds une végétation quasi naturelle.

Percevoir la forêt urbaine comme un écosystème permet une meilleure gestion de la végétation en ville. De nombreuses villes ont récemment mis sur pied des programmes de naturalisation des espaces verts qui vont dans ce sens. Elles ont remisé les tondeuses et décidé de favoriser une couverture végétale naturelle dans certains secteurs moins fréquentés des parcs ou le long des pistes cyclables.

La diversité est un élément clé de la complexité de tout écosystème, puisqu'elle permet un plus grand nombre d'interactions entre ses composantes. Entre autres inconvénients, une faible diversité, ajoutée aux stress urbains, font de la forêt urbaine une victime privilégiée des insectes et des maladies. Quoi de plus facile pour un insecte vorace ou infecté que de sauter d'arbre en arbre, le long d'une avenue !

Le cas de la maladie hollandaise de l'orme l'illustre bien. Introduite en Amérique du Nord vers 1920, la maladie est mortelle pour les trois espèces d'orme indigènes au Québec. Elle est due à un champignon (*Ophiostoma ulmi*) et est propagée par de petits insectes, les Scolytes de l'écorce. Son apparition à Montréal a complètement transformé l'allure des rues, décimant en quelques décennies plus de 35 000 ormes, alignés majestueusement mais sans souci de variété.

La forêt urbaine vue comme un écosystème fait également mieux comprendre ses nombreuses fonctions écologiques. Physiologiquement, la forêt urbaine améliore la qualité de l'air, aide à réguler le climat, réduit les vents, contrôle l'érosion et le drainage, et favorise la conservation des propriétés du sol. Au niveau des échanges énergétiques, celui de la chaîne trophique, l'arbre urbain possède une fonction similaire à celui de son confrère forestier, de nombreuses espèces y trouvant abri et nourriture.

Certaines fonctions importantes d'un écosystème sont cependant absentes ou fortement atténuées en forêt urbaine. Revenons par exemple sur le cycle des éléments nutritifs. Dans un écosystème forestier, l'azote absorbé par les racines est issu de la litière de feuilles décomposée en humus par les microorganismes. Cet azote retournera au sol l'automne suivant, avec la chute des feuilles. En ville, le cycle n'est pas complet puisque les feuilles sont ramassées et que la base de l'arbre est recouverte de gazon ou, pire, d'un grillage ou d'asphalte.

Les arbres des villes n'ont pas la vie facile, c'est certain. Mais en choisissant les plus résistants, en les installant aux bons endroits, en leur donnant assez d'espace et de ressources, et en maintenant une bonne diversité, on peut améliorer les conditions de la forêt urbaine et, ainsi, assurer sa pérennité.

Isabelle Aubin et Benoît Hamel

Qu'est-ce qu'un écosystème ?

Utilisé pour la première fois en 1935 par un écologiste anglais du nom de Tansley, le concept est vite devenu un thème central en écologie.

Un écosystème est un système biologique formé par plusieurs espèces associées, ayant développé des interdépendances dans un milieu qui permet le maintien et le développement de la vie. En fait, l'écosystème est à l'organisme ce que la cellule est à l'organe. Ce niveau d'organisation de la vie comprend cinq attributs majeurs :

195

1. Une **structure**. Pour permettre le fonctionnement d'un écosystème terrestre, il faut une communauté d'organismes vivants, du sol, une atmosphère, une source d'énergie (celle du soleil) et de l'eau.

2. Des **fonctions** ou des **échanges d'énergie** dans le système. L'écosystème permet l'échange de matière et d'énergie entre l'environnement physique et la communauté vivante. Vu sous cet angle, un organisme vivant est d'abord une quantité accumulée d'énergie solaire en association avec des éléments chimiques puisés dans le sol et dans l'atmosphère.

3. Des **interactions** et des **interdépendances**. Les composantes d'un écosystème sont interconnectées, un peu comme une toile d'araignée. Ces connections sont parfois si étroites que le changement d'une seule des composantes aura un impact sur toutes les autres.

4. Une **complexité**. Puisque les composantes d'un écosystème ont un niveau élevé d'intégration biologique, un écosystème est un système complexe.

5. Des **changements**. Un écosystème n'est jamais statique. Il est en constant mouvement, en permanente adaptation.

PARTIE III

Ce livre a été imprimé sur du papier recyclé,
traité sans chlore et contenant
100 % de fibres post-consommation,
selon les recommandations d'ÉcoInitiatives.

PROTÉGEONS
NOS FORÊTS

Trente-trois arbres de douze mètres
ont ainsi pu être sauvés de la coupe.

Achevé d'imprimer sur les presses
de l'imprimerie Transcontinental
au mois de juin 2006
Québec (Canada)